TODO LO QUE
TU GATO
QUIERE QUE SEPAS

Amat Editorial, sello editorial especializado en la publicación de temas que ayudan a que tu vida sea cada día mejor. Con más de 400 títulos en catálogo, ofrece respuestas y soluciones en las temáticas:

- Educación y familia.
- Alimentación y nutrición.
- Salud y bienestar.
- Desarrollo y superación personal.
- Amor y pareja.
- Deporte, fitness y tiempo libre.
- Mente, cuerpo y espíritu.

E-books:
Todos los títulos disponibles en formato digital están en todas las plataformas del mundo de distribución de e-books.

Manténgase informado:
Únase al grupo de personas interesadas en recibir, de forma totalmente gratuita, información periódica, newsletters de nuestras publicaciones y novedades a través del QR:

Dónde seguirnos:

 @amateditorial

  Amat Editorial

Nuestro servicio de atención al cliente:
Teléfono: **+34 934 109 793**
E-mail: **info@profiteditorial.com**

HÉLÈNE GATEAU

TODO LO QUE TU GATO QUIERE QUE SEPAS

La edición original de esta obra ha sido publicada en francés por Albin Michel bajo el título *Tout sur votre chat*, de Hélène Gateau.

© Hélène Gateau, 2023
© Profit Editorial I., S.L., 2023
  Amat Editorial es un sello de Profit Editorial I., S.L.
  Travessera de Gràcia, 18-20, 6.º 2.ª. 08021 Barcelona

Diseño de cubierta: Xic Art
Maquetación: Fotocomposición gama, sl.
Ilustraciones: Shutterstock.com

ISBN: 978-84-19341-86-0
Depósito legal: B 15025-2023
Primera edición: Octubre de 2023

Impreso por: Gráficas Rey
Impreso en España - *Printed in Spain*

MIXTO
Papel | Apoyando la
silvicultura responsable
FSC
www.fsc.org   FSC® C131084

❧ ÍNDICE ❧

Segunda parte
EL DÍA A DÍA CON TU GATO

Tercera parte
EDUCAR A TU GATO

Cuarta parte
CUIDAR BIEN DE TU GATO

Tener un gato no es solo convivir con una presencia: es una elección, un modo de vida, influye en el estado de ánimo y supone un compromiso. El gato se ha convertido en el animal de compañía preferido de muchas personas, aunque sigue habiendo cierto misterio en torno a él.

Me di cuenta de ello durante mi larga carrera profesional. En las clínicas veterinarias, en las carreteras de Francia para los programas de televisión «Midi en France» y «Hélène et les Animaux», así como al micrófono en «Vincent de 5 à 7», me preguntaban a menudo por los problemas más comunes: ¿se puede educar a un gato? ¿Cómo se le enseña a limpiarse? ¿Se le pueden cortar los bigotes? ¿Cómo comunicarse con un gato? ¿Cómo evitar que arañe en cualquier sitio?, entre muchos otros. Estas son algunas de las múltiples cuestiones que surgen tarde o temprano cuando se tiene un gato.

En este libro he querido dar respuestas claras, trucos y consejos sencillos que te ayudarán a enriquecer el entorno y la vida de tu pequeño felino para que tengáis juntos una relación feliz y agradable.

Si estás harto de buscar información (a veces poco fiable) por la red, ahora tienes en las manos un contenido fiable y duradero.

¡Disfruta de la lectura!

Parte 1
CÓMO ELEGIR A TU GATO

¿CUÁLES SON LAS RAZAS DE GATOS PREFERIDAS DE LOS ESPAÑOLES?

La población felina aumenta en España, ya que desde 2010 hasta 2021 su población ha aumentado más de un 60%. Aunque todavía no superan a los perros como mascota favorita de los españoles, cada vez se van acercando más. También crece una tendencia: los gatos de pura raza son cada vez más numerosos.

Cada año, la Asociación Felina Española (ASFE) lleva un registro del números de altas de camada por raza. Gracias a este registro, que se lleva a cabo en el «Libro de Orígenes», sabemos cuáles han sido las razas más populares en España entre 2022 y 2023. Atención, esto no significa que sean las razas más abundantes, sino las preferidas por los españoles en los últimos años.

Estas son las diez razas favoritas de los españoles entre 2022 y 2023:

- **Número 1**. La **maine coon** es, con diferencia, la raza favorita. Es el más grande de los gatos domésticos, pesa alrededor de 8 kilos, tiene el pelo semilargo y presenta muchos colores distintos. El maine coon es un gato atlético, pero que se adapta bien a la vida en un piso. A pesar de su temperamento bastante independiente, es un excelente gato de familia.

- **Numero 2**. El gato **sphynx** (o gato egipcio) no deja indiferente a nadie, sobre todo por su característica principal, la carencia de pelaje (está cubierto de una capa muy fina de pelo, parecida a la piel de un melocotón). Al parecer su origen se halla más en el continente norteamericano que no en el africano, como podría hacer suponer su nombre vinculado con Egipto. Los gatos egipcios son alegres y cariñosos y están muy unidos a su dueño. También suelen ser bastante amigables con otras mascotas y es raro que actúen de manera agresiva.

- **Número 3**. El gato **bosque de Noruega** es de complexión grande, muy parecido al maine coon, con un pelaje igual de largo y mullido. Se diferencia de este último por tener una cabeza más triangular. Su carácter es el de un gato grande: afectuoso y tranquilo, pero relativamente independiente.

- **Número 4**. El **ragdoll** es un gato bastante grande, con unos hermosos ojos azules de forma ovalada y un pelaje de longitud media, y un color de pelaje característico, pues tiene las patas, la cola, el rostro y las orejas más oscuras que el resto del cuerpo, aunque a veces presenta dos colores. El ragdoll es un gato afectuoso, de gran fuerza, pero temperamento tranquilo, lo que es apreciado por las familias.

- **Número 5**. El **british shorthair** es un gato poderoso y musculoso, de cabeza redonda y ojos grandes y expresivos, lo que le confiere un aspecto bastante tranquilizador. Es de pelaje corto, denso y presenta una gran variedad de colores. Tiene un temperamento bastante equilibrado, sin excesos, y es fácil de adaptar, lo que lo convierte en un muy buen gato de familia.

- **Número 6**. El **bengalí** es una raza relativamente reciente (pero cada vez más popular), creada en Estados Unidos a partir del cruce de un gato leopardo asiático con un gato doméstico. Destaca por haber conservado las características físicas de los gatos salvajes, en particular el pelaje moteado que le da el aspecto de un pequeño leopardo. Es un gato atlético, muy juguetón, con un marcado instinto de caza. Muy sensible, está muy unido a su dueño y se adapta bien a la vida de un piso siempre que esté estimulado.

- **Número 7**. El **exotic shorthair** es un gato de cara achatada. Tiene un cuerpo fornido, los ojos redondos y expresivos y presenta muy diferentes colores de pelaje. Su carácter amigable y poco aventurero lo convierte en un excelente gato de interior.

- **Número 8**. El **sagrado de Birmania** es un gato elegante de ojos redondos y muy azules y un pelaje característico: las cuatro patas, la cola, el rostro y las orejas son más oscuras que el resto del cuerpo. Tiene el extremo de las patas blancas, como si llevara guantes. Perfectamente adaptado a la vida de interior, el sagrado de Birmania es un gato de trato fácil, muy cariñoso y juguetón.

- **Número 9**. El **abisinio** es un gato elegante, de tamaño mediano, con un cuerpo ágil y patas esbeltas. Sus características físicas lo asemejan a un «pequeño puma». Es un gato de origen oriental y es muy atento, juguetón y activo. Su color original se parece a un marrón cálido, aunque puede presentar otras tonalidades y colores.

- **Número 10**. Parecido al british shorthair, el **azul ruso** es un gato de tamaño mediano a grande, con un cuerpo grácil y elegante y unas patas largas y delgadas. El gato camina como si fuera de puntillas. Sus intensos ojos verdes tienen una forma almendrada y están bastante separados. La textura del pelaje del gato azul ruso, muy suave, es muy distinta a la de cualquier otra raza y es un rasgo verdaderamente característico. Aunque se le denomine azul ruso, también se pueden encontrar algunos ejemplares negros y blancos.

¿GATO DE RAZA O GATO CALLEJERO?

En general, en la mayoría de los países los gatos con pedigrí representan un porcentaje bastante bajo (inferior al 10%) de la población felina. Un gato con pedigrí implica que cuenta con un documento oficial, entregado por el criador, que traza su genealogía a lo largo de cuatro generaciones. Un gato que se parece a un chartreux, pero que no tiene pedigrí, no será considerado un gato de raza, sino simplemente «emparentado con la raza chartreux».

Hoy en día, el término despectivo «gato callejero» tiende a desaparecer en favor de «gato sin raza». Durante mucho tiempo también se utilizó el término «común europeo», pero se considera erróneo, ya que no existe realmente un «tipo europeo».

¿Cuáles son las principales diferencias entre los gatos de raza y los que no lo son?

- Si eliges un gato con pedigrí, sabrás cómo será de adulto. Las razas se definen según criterios morfológicos específicos, pero también en función del carácter. Por eso se puede establecer un temperamento habitual: por ejemplo, los siameses se conocen por ser muy maulladores y cercanos, mientras que los maine coon son más activos. Sin embargo, no cabe encerrarlos en un patrón de comportamiento, puesto que su carácter también varía según donde hayan nacido, su socialización, sus experiencias, la relación que se establezca con ellos, etcétera. Los criadores profesionales suelen hacer todo lo posible por vender gatitos que se adaptan perfectamente a su futuro entorno. Por eso no es habitual que los gatos de raza acaben siendo asociales.

- Pero el gato sin pedigrí —y, sobre todo, el callejero— guarda más sorpresas.

Dentro de una misma camada se puede encontrar una gran diversidad física —cachorros de pelo largo, corto, atigrado, anaranjado— y de caracteres —uno tímido, otro intrépido o salvaje...—. También puede responder a una gran variedad de comportamientos, en función de sus padres y sus primeras semanas de vida, por lo que su temperamento será menos predecible.

- Se sabe que los gatos de raza son más delicados. Al estar expuestos a una menor mezcla genética que en la naturaleza, el riesgo de endogamia es mayor y pueden aparecer ciertas anomalías hereditarias. Por supuesto, los criadores serios seleccionan rigurosamente a sus reproductores mediante pruebas genéticas para minimizar estos riesgos e incluso evitar las patologías. Sin embargo, se sabe que el gato persa puede sufrir malformación renal, el siamés y el abisinio, defectos oculares... Aparte de estas particularidades, no tienen por qué enfermar más que los gatos sin pedigrí y, a menudo, están mejor cuidados y tratados, con un acceso más limitado al mundo exterior. Sin embargo, y este es un criterio que debe tenerse en cuenta, algunas razas de pelo largo requerirán cuidados casi diarios.
- Ahora bien, de lo que no hay duda es de que adquirir un gato de raza cuesta mucho más que adoptarlo: los precios

oscilan entre los 600 y los 1.200 euros, según la oferta y la demanda, o según la moda.

Elegir un gato de raza o un gato que no lo sea es una elección personal. Pero, si no sientes una predilección particular por una raza en concreto y si quieres un gato a tu lado, ¡piensa en todos aquellos que esperan en las protectoras de animales!

¿SABÍAS QUE...?

Puedes encontrar gatos de raza en las protectoras. De hecho, la raza no garantiza que un gato no sea abandonado por propietarios irresponsables. Y, de entre los gatos «callejeros», los de color negro son desgraciadamente los más presentes en las protectoras. Siguen sufriendo la lacra de «gatos de brujería» o se asocian a la mala suerte, evidentemente, de manera totalmente infundada.

¿POR QUÉ EL GATO ES UN BUEN COMPAÑERO?

En los últimos años, en algunos países el gato se está convirtiendo cada vez más en la mascota preferida (¡incluso por delante de los perros!), lo que se explica por varias razones.

El gato se considera un animal más autónomo que el perro y no conlleva las mismas limitaciones. Por lo general, es limpio y no le exige demasiado esfuerzo a su amo, no necesita que lo saquen a pasear varias veces al día ni llevarlo al campo los fines de semana. Tampoco requiere educarlo mucho. Se dice que el gato no se puede domesticar por completo y que, por tanto, conserva cierto carácter salvaje, lo que lo hace fascinante. Verlo cazar, con una agilidad extraordinaria, acicalarse con tanta dedicación, dormir en lugares y posiciones inverosímiles, todo ello es un espectáculo cotidiano del que uno no se cansa.

Su presencia ayuda sin duda a enfrentar la soledad. Los gatos ofrecen verdadera compañía porque su tacto y su calor son muy reconfortantes. Hay una explicación científica: acariciar a un gato desencadena en nuestro cerebro la secreción de oxitocina y endorfinas —las hormonas asociadas a la felicidad y el apego— y provoca una sensación de calma y bienestar. Con estos fines nacieron los famosos «bares de gatos».

Compartir la vida con un gato también significa ocuparse de un ser distinto a uno mismo. Para las personas mayores, darle de comer, jugar con él, cepillarlo o cambiarle la arena pueden ser pequeñas tareas que dan una sensación de dedicación a la vida diaria sin requerir demasiado esfuerzo físico. Esto reduce el tiempo que esa persona podría estar rumiando sus sufrimientos y preocupaciones cotidianas.

También parece que los niños muy pequeños (los menores de un año) que crecen en una casa con un gato desarrollan más tarde menos alergias (y no solo a los animales). En efecto, la exposición precoz a los alérgenos acostumbra al organismo y estimula el sistema inmunitario.

Tener un gato conlleva otros beneficios, como el desarrollo motor, social, emocional y cognitivo del niño. La presencia del animal estimula la comunicación y la imaginación del pequeño, lo hace responsable si lo animas a que cuide de él (dándole la comida, cambiándole la arena), le enseña a respetar a un ser vivo y a ser más consciente del ciclo de la vida. El gato de la casa también puede llegar a convertirse en el confidente de tu hijo, que así puede sentirse comprendido sin ser juzgado. Pero, si tu hijo quiere un gato, debes tomar algunas advertencias en consideración para que la convivencia se desarrolle de la mejor manera posible. Porque, a veces, la presencia de niños puede resultar estresante para el animal. Enséñale a tu hijo a respetar su tranquilidad y descanso, y a no forzar los mimos.

Los científicos están estudiando el ronroneo del gato. Afirman que el sonido y la frecuencia del ronroneo reducen la presión sanguínea en humanos, y calman y favorecen la curación de lesiones óseas y musculares. Por estas razones se llega a hablar de la «terapia del ronroneo». En algunas residencias de ancianos u hospitales hay gatos cuya función es hacer que los pacientes se sientan mejor.

¿MACHO O HEMBRA?

Machos y hembras difieren en morfología, carácter y comportamiento. Estas diferencias son más evidentes a partir de la pubertad del animal, es decir, a partir de los seis meses de edad.

El macho tiene una mayor constitución y desarrollo muscular. Tiene la cabeza más recia, mientras que la hembra es de rostro más delgado.

El macho no castrado es muy territorial. Procurará meterse en frecuentes y violentas peleas, y orinará —el olor puede ser difícil de soportar— en todos los rincones de la casa para marcar su territorio. Una hembra no esterilizada estará en celo, obsesionada con una sola cosa: reproducirse. El celo se produce de primavera a otoño, dura de siete a diez días y el ciclo vuelve a empezar cada dos o tres semanas. Durante este periodo, la hembra se vuelve más cariñosa, pero también más agitada, emite unos maullidos característicos, a veces sin parar, y puede escaparse para buscar a un macho. También se debe tener en cuenta que puede volver preñada.

Estas características y diferencias morfológicas entre la hembra y el macho dejan de ser relevantes cuando se los esteriliza. Pero, llegado el caso, ¿siguen existiendo diferencias de temperamento entre ambos?

Veterinarios y especialistas en comportamiento animal afirman que sí. Los machos serían cariñosos y aventureros, con un carácter bastante más moldeable, pero más sensibles a todo lo que pueda cambiar sus hábitos. Las hembras son más traviesas, seductoras y un poco más independientes. Aceptarían más fácilmente la presencia de un nuevo compañero. Con todo, estas observaciones no deben tomarse al pie de la letra, así que ten en cuenta que cada gato tiene su propia personalidad, sea macho o hembra.

Si adoptas un gatito, no se conoce el sexo del animal con seguridad hasta las ocho semanas. Ten en cuenta que el pene no es visible en los machos; se les pueden palpar los testículos, pero de pequeños los suelen tener poco desarrollados.

Hay una manera más eficaz de saber si es macho o hembra. Levántale la cola y observa la distancia entre el ano y el orificio urinario, así como la forma del orificio. En los machos, la distancia entre ambos es mayor (alrededor de 1 cm) que en las hembras (0,5 cm) y el orificio urinario es redondeado en los machos y tiene forma de hendidura en las hembras.

¿SABÍAS QUE...?

El color del pelaje puede ser un indicador del sexo del gato. De hecho, los de color naranja y negro o los que tienen tres colores —naranja, negro y blanco— son casi sistemáticamente hembras porque esta coloración la determina la presencia de dos cromosomas X.

En cuanto a los gatos blancos y anaranjados, suelen ser machos, aunque no son raras las excepciones.

¿ES MEJOR ADOPTAR UN CACHORRO O UN GATO ADULTO?

Ahora que has decidido adoptar un gato, tienes que valorar si acoges a uno de corta edad o a un adulto. Debes saber que cada uno tiene sus ventajas y sus inconvenientes.

Preferir un cachorro es comprensible. A las ocho semanas de vida (edad a la que legalmente se puede regalar o vender un gatito), son unas bolitas de pelo enternecedoras: esos ojos grandes, las orejas desproporcionadas, el pelaje todavía un poco desgreñado, los maulliditos... ¿Cómo no enamorarse? También es gratificante y emocionante pensar que vamos a acompañar a este animalito, todavía frágil, a lo largo de todas las etapas de su vida. Pero un gatito no siempre nos hace la vida fácil. Tiene una gran necesidad de descubrir el mundo que lo rodea y de poner a prueba sus propios límites. Aunque en las primeras semanas no tenga una buena coordinación motriz, intentará trepar por todas partes (camas, sofá, cortinas...), saltar, correr y cazar. Esto lo llevará a hacer muchas travesuras, aunque sea poniéndose en peligro: tirar una barra de cortina o unas macetas, atacar las plantas, quedarse atrapado bajo una estantería... Si adoptas a un cachorro, ten en cuenta que deberás lidiar con un exceso de energía que habrá que canalizar pasando tiempo con él y enseñándole lo que no puede hacer, así como unas nociones relacionadas con su higiene. Un gatito requiere paciencia, supervisión e implicación. Por todas estas razones, no es necesariamente la opción ideal para una persona mayor. En cambio, un cachorro se adaptará más fácilmente a tu estilo de vida (a vivir en un piso, por ejemplo), a la presencia de niños o de otro animal.

Por su parte, el gato adulto es mucho más tranquilo y requiere menos atención. También se le puede dejar solo durante más tiempo. Por lo general, ya ha adquirido su temperamento definitivo. Ya sea independiente, cariñoso, maullador o más silencioso, no te sorprenderá, mientras que el carácter de un cachorro irá cambiando inevitablemente. Un gato adulto se encariñará de ti tanto como un gatito. A veces se dice que los animales adoptados de adultos agradecen la segunda oportunidad que se les da. A algunos les costará más confiar en ti o abandonar los malos hábitos, pero nada es imposible.

Así que no hay elección equivocada. Solo tienes que pensar en lo que realmente quieres en función de tu estilo de vida, tu entorno y lo que creas que será mejor para tu nuevo amigo.

UN CONSEJO

Cuando adoptes un gato adulto de una protectora, infórmate antes sobre su pasado, si se conoce. Si tuvo acceso al exterior y gozó de libertad para ir y venir y cazar, puede que no lleve bien estar encerrado en un piso. En ese caso podría desarrollar problemas de comportamiento muy perjudiciales para vuestra relación: es lo que se conoce como ansiedad del gato confinado.

¿DÓNDE CONSEGUIR
UN GATO?

Ya lo has decidido: quieres acoger a un pequeño felino en casa. ¿A quién debes acudir para conseguir un gato sano que se adapte a tu estilo de vida, residas en un piso o una casa?

- Si tienes una casa con jardín, quizá ya has recibido la visita de algún gato de la zona al que le gustaría quedarse contigo. Puede ser una buena solución, porque sería un caso en que el gato te elige a ti. Sin embargo, hay que advertir de que no se trata necesariamente de un gato callejero o abandonado. Puede tener su propia familia y simplemente haberse escapado. Obsérvalo. ¿Lleva collar o alguna otra marca? Si lleva microchip, solo un dispositivo puede leerlo para saber si el gato está identificado. ¿Es muy cariñoso y parece bien alimentado? Pregunta en el vecindario. En cualquier caso, evita siempre alimentar a gatos que ya pertenezcan a otra persona.

- También es posible que hayas visto a uno o varios gatitos en el jardín. Puede que una gata callejera haya parido entre los matorrales, de lo que pronto te darás cuenta. No te lleves a los gatitos ni los encierres en casa mientras la madre siga allí y no tengan edad suficiente para ser destetados. Ahora bien, puedes proporcionarles algo de comida para animar a la madre y a los gatitos a confiar en ti y entablar una relación. Es una buena forma de acercarse a ellos gradualmente.

- Si te has enterado del nacimiento de una camada en tu círculo de amigos y deseas adoptar un gatito (siempre que hayas sopesado previamente la decisión, ¡no por mero capricho!), no dudes en ir a conocer a toda la camada y a la madre: su carácter influirá inevitablemente en el de los gatitos. Si vives en un piso, evita elegir de entre una camada nacida en el exterior. Suelen ser gatos que viven en torno a los humanos, con más autonomía, y normalmente no crean un apego particular. Por tanto, no serán buenos compañeros de sofá, sino gatos independientes, cazadores y con una necesidad real de acceso al exterior.

- Decidir acoger un gato en casa también puede ser una oportunidad para hacer una buena obra.

Muchos esperan un hogar en las protectoras. Pide información a las asociaciones protectoras de animales de tu entorno; muchas de ellas tienen gatos y algunas trabajan incluso con familias de acogida. Seguro que encuentras un gato (joven o adulto) que se adapte a tu situación. Ya sea por la edad, el sexo, el color del pelaje o el temperamento, allí se pueden encontrar todos los perfiles, ¡a veces incluso gatos de raza! Así que no tengas miedo y pienses que solo se encuentran gatos con problemas o enfermedades (aunque estos también merecen su oportunidad). Pueden ser gatos que han acabado allí tras la muerte de su dueño, un divorcio o por ser gatitos de una camada no deseada. Para encontrar al compañero adecuado, es necesario pasar tiempo con ellos, observarlos y conocer, si es posible, su pasado, su comportamiento y su estado de salud.

- Si quieres un gato de raza, ponte en contacto con los clubes de raza o con el sitio web de la ASFE (Asociación Felina Española). En internet encontrarás anuncios de criadores profesionales y aficionados. Es esencial visitar el criadero o la casa particular para comprobar el entorno en el que crecen los gatitos y hablar del carácter de los padres (el carácter del padre también puede transmitirse) antes de tomar una decisión.

Sin embargo, ten mucho cuidado, ya que el hecho de que alguien se identifique como «criador» no siempre es garantía de calidad y buen trato de los animales.

- Las tiendas de animales también ponen a la venta gatitos. Suelen comprar a criadores profesionales, pero no se pueden comprobar las condiciones en que se han criado. Hay que tener mucho cuidado, ya que no todas las tiendas de animales hacen un trabajo honesto y algunas siguen abasteciéndose de fuentes clandestinas. No alimentes este tipo de comercio, tan perjudicial para los animales. No dudes en pedir consejo a un veterinario cercano. Además, las últimas leyes sobre bienestar animal están limitando (sino prohibiendo) la venta de gatos en las tiendas de mascotas, o sea que infórmate bien antes de contemplar esta opción.

¿SABÍAS QUE...?

Desde el 1 de enero de 2016, las normas para la comercialización de animales en línea han cambiado con el fin de ofrecer un mejor marco. Pero las leyes se van modificando con el tiempo para proteger mejor a los animales. O sea que antes de comprar cualquier mascota por internet o en una tienda, infórmate bien de las leyes vigentes en tu país.

¿QUÉ CACHORRO DE LA CAMADA ELEGIR?

Para empezar con buen pie la convivencia con este animal tan deseado, primero debes asegurarte de que vas a adoptar un gatito en buen estado de salud y cuyo carácter se adapte a ti.

En primer lugar, evita elegir un gato basándote únicamente en fotos y criterios puramente estéticos. Ten muy en cuenta el temperamento en la elección: ¿quieres un gatito juguetón, independiente, cariñoso, tranquilo, intrépido? Para decidirse, solo hay una solución: ver al gatito en su entorno para observar su comportamiento y el de su madre (y el del padre, si es posible). Dentro de la misma camada, podrás identificar las tendencias de comportamiento. Pero ten presente que el carácter de un cachorro no lo dice todo necesariamente acerca de su temperamento de adulto. Lo importante es asegurarse de que los gatitos no sufren un déficit de socialización ni le tienen miedo a todo, o que los han criado en un entorno con escasos estímulos.

Empieza observando a los gatitos interactuar entre sí y con su madre: podrás distinguir rápidamente entre los que tienen más carácter y los que son más reservados. Jugarán, se pelearán, pero no deben ser agresivos. A esta edad es normal que haya mucha actividad (ocho semanas es la edad legal de adopción), que se alterna con fases completamente opuestas, de descanso. A continuación, intenta entablar contacto para ver si el animalito es sociable contigo. Agáchate y estimúlalo con pequeños chasquidos de lengua o con un objeto: si viene espontáneamente a tu encuentro, ¡es un buena señal! Fíjate en cómo se comporta contigo: ¿intenta jugar, frotarse, se deja tocar, o tiende a huir de ti? Si el gatito es tímido, se esconderá. Si es juguetón, se mostrará muy sociable.

Haz la prueba. Coge al gatito por la nuca y levántalo. Si está relajado, no se intenta zafar y mantiene los ojos semicerrados, esto demuestra su confianza y tolerancia a la manipulación. Si no, intentará darse la vuelta o incluso morderte o arañarte. Después de pasar algún tiempo jugando con los cachorros, observándolos e interactuando con ellos, podrás hacer una elección más acertada.

Lo siguiente que debes hacer es asegurarte de que el gatito que has elegido goza de buena salud. Si se ha mostrado entusiasta y participativo al establecer contacto con él, es señal de que se encuentra en buena forma general. Pero ve más allá, no dejes de fijarte en todo. Debe tener los ojos y el hocico sanos, sin secreciones ni costras (que podrían indicar coriza). Las orejas también deben estar limpias. Comprueba la zona alrededor del ano: no debe haber enrojecimiento ni rastros de diarrea o parásitos intestinales. El pelaje debe ser brillante, algo abundante y sin caspa, y la piel debe estar sana. En todos los casos, aunque se trate de un regalo, quien lo haya tenido hasta entonces debe entregarte un certificado de buena salud de un veterinario.

¿SABÍAS QUE...?

Entre las dos y las ocho semanas de vida, hay un periodo crítico en el desarrollo del gatito que condicionará su futura tolerancia al ruido, la manipulación y las interacciones con otras especies. Cuanto más se haya acercado a diferentes personas (adultos, niños), más lo hayan tocado y expuesto a diversas situaciones, más sociable será, con un carácter flexible, y, por tanto, más confiado se mostrará contigo.

¿CÓMO ACOGER A UN CACHORRO EN CASA?

Imagina que has decidido acoger una mascota felina y que dentro de unos días le darás la bienvenida. Para que el recibimiento se produzca en las mejores condiciones posibles, tanto para ti como para él, es fundamental que la vivienda esté bien organizada y que ya hayas instalado todo lo necesario.

Al principio, tu gatito no necesita tener acceso a toda la casa. Lo mejor es que se oriente en un espacio reducido. Elige una habitación en la que hayas puesto su arenero, dos cuencos (uno para el agua y otro para la comida) y una pequeña cesta con una manta para que se acurruque. No coloques la arena junto al comedero: las zonas de deposición, descanso y alimentación deben estar suficientemente separadas, pues de lo contrario el gatito mostrará dificultades para asearse.

Piensa en ofrecerle un rascador (los hay a muy bajo coste) y varias cajas de varios tamaños, abiertas por dos lados, en las que tu pequeño compañero pueda esconderse para observar el nuevo entorno. De este modo, evitarás tener que ir a buscarlo debajo de un mueble, donde se habrá atrincherado. Lo ideal sería también una estructura para gatos por la que pueda trepar hasta lo alto. Proporciónale algunos juguetes, pero no te gastes demasiado dinero, ya que a veces se conformará tan solo con bolas de periódico arrugadas.

En lugar de eso, invierte en un transportín, para que puedas llevarlo a casa de forma segura. Procura que le resulte cómodo y déjalo donde pueda refugiarse o descansar cuando quiera.

También tendrás que adaptar tu casa a fin de que sea segura para que tu pequeño felino corra y explore.

Asegúrate de que las pantallas de televisión y ordenador están bien sujetas a la base (podría volcarlas). No dejes manteles sobre las mesas ni cordeles de estores o similares a su alcance (podría enredarse en ellos y estrangularse). Baja la tapa del váter, cierra la puerta de la lavadora, impide el acceso al cubo de la basura, pues nunca se sabe... Comprueba que las ventanas abiertas no representan un peligro y que no tienes plantas tóxicas en casa. Por supuesto, no debes dejar medicamentos ni objetos pequeños, como pendientes o tapones para los oídos, que pueda tragarse.

Haz un buen repaso a la casa antes de dar la bienvenida a tu nuevo compañero y ten en cuenta todas las travesuras posibles, ¡porque los pequeños felinos pueden tener más de un as en la manga!

Si le pones un collar, presta mucha atención: debe contar con un sistema de apertura fácil para que el gatito pueda deshacerse de él si se engancha accidentalmente en algún sitio.

Todos estos consejos también son válidos si decides acoger a un gato adulto.

UN CONSEJO

Durante los primeros días, procura que tanto la arena como el pienso sean los mismos a los que ya está acostumbrado. Podrás cambiarlos más adelante, de manera gradual. También puedes comprar espráis o difusores de feromonas para crear un ambiente tranquilo y acogedor para tu gato: esto le ayudará a sentirse confiado en tu casa más rápidamente.

¿ES BUENA IDEA TENER UN SEGUNDO GATO EN CASA?

Decides aumentar la familia adoptando un segundo gato, pero es posible que el actual residente no vea con buenos ojos al recién llegado. Los gatos no reaccionan como los perros: muy a menudo, cuando dos perros se encuentran, expresan una actitud curiosa, amistosa o incluso juguetona. En cambio, el gato puede vivir esta intrusión en su territorio como una agresión. Las primeras semanas requerirán paciencia y control.

El encuentro debe ser gradual. En un primer momento, pon al recién llegado en una habitación separada con todo lo que necesita (comida, arenero, escondites, juegos) para que se acostumbre a su nuevo entorno. Esto ayudará a los dos animales a conocerse, a través de la puerta y a través de ti. Al cabo de unos días, intercambia a los gatos de habitación. Esto les permitirá absorber las feromonas del otro y mezclarlas con las propias. También puedes frotar un calcetín por la barbilla y las mejillas de uno de los gatos y dejar que el segundo lo huela, y viceversa. En estas partes del cuerpo se segregan feromonas calmantes, que les ayudarán a adoptar una buena actitud. También existe un espray disponible en clínicas veterinarias y tiendas de animales que contiene feromonas similares a las faciales; rocíate el producto por las manos y luego acarícialos. Ayudará a generar confianza y facilitará la convivencia entre ambos. También es un buen consejo para los casos de convivencia entre un gato y un perro.

Si, al cabo de unos días, ambos gatos parecen relajados y serenos, puede tener lugar el verdadero encuentro. Llévalos juntos a un espacio de gran tamaño. Mantenlos ocupados dándoles de comer simultáneamente algo que les guste mucho, para crear una asociación positiva con la presencia del extraño, u ofreciéndoles un juego que les guste a ambos. También les puedes verter unas gotas de aceite de una lata de atún sobre su pelaje; esto les ayudará a concentrarse en asearse y los hará más tolerantes el uno con el otro. Termina este primer encuentro bastante rápido, pero de manera positiva. Puedes repetir la experiencia varias veces, lo que les permitirá acercarse progresivamente entre sí. Sin embargo, nunca los dejes sin supervisión las primeras veces y procura detectar cualquier posible signo de estrés o agresividad. Si ocurre, aíslalos de nuevo y vuelve a empezar. Si se pelean, no intentes intervenir, ya que podrías resultar herido; da palmadas fuertes o lánzales una almohada para separarlos.

Tómate el tiempo necesario para hacer las presentaciones; es esencial para que esta nueva convivencia sea un éxito. Ten siempre en cuenta que el gato es un animal territorial con zonas propias (para su alimentación, necesidades, descanso, exploración, juego) independientes. Lo mismo debe aplicarse a ambos animales. Mantén separados sus areneros, cuencos y rascadores, ofréceles juegos diferentes, pero también muchos escondites (cajas de cartón, bolsas de papel, cestas), así como lugares elevados (una estructura para gatos para cada uno). Si tienes varios gatos en casa, debes tener tantas cajas de arena como animales, y siempre una extra.

No pretendas que una convivencia adecuada sea aquella en la que los gatos duermen juntos o no se separan durante todo el día. Si comparten el mismo territorio sin muestras de agresión ni estrés, esto significa que han decidido aceptarse mutuamente. Para que tus pequeños felinos sean mejores amigos, solo hay un secreto: paciencia.

UN CONSEJO

En general, los gatos adultos son más tolerantes con los cachorros. Sin embargo, respeta los mismos pasos, porque el gato más joven podría traumatizarse si lo ataca el mayor cuando aún no ha adquirido todos los códigos del juego y solo piensa en jugar.

¿PUEDE UN GATO VIVIR FELIZ EN UN PISO?

Tu gato, si no puede acceder al exterior, tiene una esperanza de vida más larga que los que salen. Está expuesto a menos peligros: no se pelea con los gatos vecinos, no corre el riesgo de ser atropellado por un coche, de envenenarse, de quedarse atrapado en un árbol o de contraer ciertas enfermedades infecciosas.

Pero ¿es más feliz dentro que fuera?

En realidad, todo está en tus manos, para que tu gato sobrelleve este «cautiverio» sin sufrir.

- Para empezar, la distribución de la casa es esencial para el bienestar de este animal territorial. La solución más fácil es agrupar el arenero, sus cuencos y un cojín en la cocina, pero esto es un error. En la naturaleza, los gatos tienen espacios separados: la zona para sus necesidades, la de descanso, la de alimentación y las zonas donde cazan y exploran. Proporciónale a tu gato un entorno en el que estas áreas estén diferenciadas y no se solapen. Recuerda también que a los gatos les gusta ocupar todo el espacio: no debería sorprenderte encontrártelo encaramado a algún sitio. De la misma manera, también les encanta esconderse: en cajas, huecos, bajo las mantas... ¡Todos son buenos escondites por explorar!

- Coloca un poste rascador cerca de donde le gusta dormir: los felinos tienden a marcar este espacio vital con arañazos.

- Aunque no tenga acceso al exterior, dale la oportunidad de ver lo que ocurre: el alféizar de una ventana libre de trastos será un mirador ideal, donde podrá pasar horas. También puedes añadir elementos del exterior a su entorno, como la hierba para gatos.

- Para satisfacer su instinto cazador, dale juguetes con los que pueda jugar solo, pero dedícale también tiempo y juega con él. Sé lo más ingenioso posible: tu gato acabará por aburrirse de su ratoncito de tela o del corcho que cuelga de una cuerda en el pomo de la puerta de la cocina. Sorpréndele con elementos móviles cada vez más originales en distintas habitaciones de la casa. Si tienes una tableta, descárgate una aplicación para gatos; algunas están especialmente diseñadas para ellos, con imágenes de peces de colores y sonidos que les atraen.

- No te limites a darle pienso en su cuenco: existen dispensadores de comida que lo animarán a pensar, tener paciencia y ser ágil para conseguir comida. Es una forma estupenda de mantenerlo ocupado. También puedes esconder algunas golosinas en casa: le resultará una auténtica búsqueda del tesoro.

Todas estas actividades contribuyen a lo que se conoce como enriquecimiento ambiental: tu gato se estimulará mental y físicamente, y tú tendrás con toda probabilidad una mascota feliz y equilibrada.

Un gato aburrido puede desarrollar un trastorno del comportamiento denominado «ansiedad del gato confinado», que se diagnostica con bastante frecuencia. Los síntomas pueden ser agresividad, rabietas, suciedad o acicalamiento excesivo. Si, a pesar de tus esfuerzos por enriquecer su mundo, los problemas persisten, consulta al veterinario. Puede ser necesario algún tipo de medicación para ayudarle.

¿SABÍAS QUE...?

Aunque los riesgos sean mayores, la riqueza del entorno exterior es más adecuada para el bienestar de un gato. Por tanto, si tienes jardín, no lo prives de él. Acompáñale en sus primeras salidas, a ser posible con un arnés y una correa, para que pueda reconocer los alrededores de la casa; esto te tranquilizará, ya que encontrará fácilmente el camino de vuelta a casa cuando regrese de sus primeras escapadas en solitario.

¿SE PUEDE TENER UN GATO SIENDO ALÉRGICO?

Estornudos, secreción nasal, picor de ojos, granitos, irritación de garganta, enrojecimiento y picor de la piel, incluso ataques de asma con verdaderas dificultades respiratorias: si sufres estos síntomas cuando vas a casa de amigos que tienen un gato, es muy probable que seas alérgico. Pero, si siempre has soñado con tener uno en casa, no te desanimes, pues hay formas de vivir con un gato y controlar la alergia.

En primer lugar, aunque creas que no la sufres, consulta a un alergólogo, que, con una prueba cutánea, confirmará o no la alergia.

A menudo se culpa al pelo del gato, pero en realidad no es el verdadero responsable. La alergia la causa una proteína, Fel d 1, que está presente en la saliva y las lágrimas del gato y que es segregada por las glándulas sebáceas del animal. Por supuesto, el sebo recubre el pelo y, cuando el gato se acicala, deposita la saliva por todo el cuerpo. De este modo, el pelo transporta el alérgeno por toda la casa.

Si padeces una fuerte alergia con graves ataques de asma, lo mejor es no poner en riesgo tu salud; pero, si las molestias son leves, puedes plantearte compartir tu vida con un pequeño felino tomando ciertas medidas para reducir el riesgo alergénico.

Cuanto menos te expongas al pelo, mejor. Si lo cepillas a diario, eliminarás la mayor cantidad posible de pelo muerto y reducirás su dispersión por el hogar. No utilices demasiadas alfombras, moquetas o cortinas, y elige suelos de baldosas, parqué o vinilo para evitar en lo posible que se acumule el pelo. Intenta mantener la casa lo más limpia posible: aspira todos los elementos textiles (sofá, cortinas...), barre y friega con mucha regularidad y ventila a menudo. En la medida de lo posible, mantén al gato fuera del dormitorio: tu cama y tus sábanas son solo tuyas.

Puede que a lo largo de tu vida hayas observado que tienes reacciones alérgicas más o menos graves, dependiendo de cada gato. Esto se debe a que cada felino produce y segrega su propia cantidad de proteínas alergénicas. Se han hecho observaciones sobre diferentes razas de gatos y parece que algunas son menos proclives a producir alérgenos que otras. Algunas de estas son el gato siberiano, el azul ruso, el abisinio y las razas de pelo rizado. En cuanto al gato esfinge, el gato sin pelo, es cierto que dejará menos pelo esparcido por la casa, pero, por otro lado, cuando lo acaricies estarás en contacto directo con el alérgeno de las glándulas sebáceas.

Puedes tratar la alergia con antihistamínicos o plantearte una desensibilización. Pídele consejo al médico.

Si decides adoptar un felino teniendo en cuenta todas estas precauciones, tómate tu tiempo para elegirlo adecuadamente e intenta exponerte a él varias veces antes para asegurarte de que el gato en concreto no desencadena en ti reacciones inesperadas.

En todo caso, sé responsable y prevé a otra persona que lo pudiera acoger llegado el caso, ya que no debería aumentar la población de gatos en las protectoras de animales si la convivencia acaba resultando imposible.

¿SABÍAS QUE...?

Los gatos tienden a subirse más al regazo de los alérgicos o reacios a los gatos porque estas personas les parecen menos intrusivas y amenazadoras que los amantes de los gatos, quienes los acarician más.

¿CUÁNTO CUESTA TENER UN GATO?

Antes de adoptar un gato, debes asegurarte de que dispones del presupuesto necesario para atenderlo adecuadamente. Por desgracia, hoy en día se abandonan demasiados animales porque sus dueños no pueden permitirse cuidarlos. Por supuesto, nadie está libre de sufrir un duro golpe financiero, pero asegúrate al menos de que tu situación actual te lo permite.

Los gastos abarcan el equipamiento, la atención veterinaria, la alimentación y posibles cuidados por parte de terceros llegado el caso.

Los precios que figuran a continuación son orientativos. Evidentemente, varían en función de cada país (no es lo mismo en Argentina que en España, por ejemplo), de los comercios y de las clínicas veterinarias (en las grandes ciudades suelen ser más elevados que en zonas rurales).

Aquí tienes una estimación aproximada en euros de cuánto te costará cada cosa (en caso de vivir fuera de España se puede hacer la conversión a la moneda local, aunque, como ya hemos advertido, los precios dependen mucho de cada país):

— el arenero y el recogedor para los excrementos, entre 10 y 30 euros;

- la arena: entre 15 y 20 euros;
- el transportín: entre 10 y 50 euros;
- un cojín: entre 20 y 40 euros;
- uno o dos postes rascadores: unos 20 euros cada uno;
- juguetes: 30 euros;
- un collar con una parte elástica para que no se estrangule si se engancha: 7 euros;
- cuencos para la comida y el agua: 15 euros;
- una estructura para gatos: 60 euros;
- un cepillo y un cortaúñas: 15 euros.

El presupuesto para alimentación varía mucho en función de la calidad elegida, sobre todo si se opta por la comida húmeda, que es más cara que el pienso. Debes calcular entre 15 y 40 euros al mes. Un alimento de alta calidad hará que tenga un mejor pelaje, un menor riesgo de aumento de peso y una mejor salud general.

Con todo, algunos gastos veterinarios serán inevitables:

- vacunación: entre 50 y 70 euros al año (excepto el primer año, en que se requieren una o dos vacunas de refuerzo, por lo que hay que contar con una o dos visitas adicionales);
- microchip: de 50 a 70 euros (pero legalmente, cuando compras un gato, ya debe estar identificado);
- castración (macho): entre 70 y 100 euros;
- esterilización (hembra): de 150 a 200 euros;
- tratamiento antiparasitario externo: entre 3 y 10 euros al mes;
- desparasitación: de 5 a 7 euros por tratamiento (debe hacerse cuatro veces al año);
- expedición de pasaporte: entre 15 y 30 euros;
- visita al veterinario: entre 30 y 50 euros por visita;
- guardería para gatos: 20 euros al día.

Por supuesto, habrá costes adicionales, sobre todo por los gastos veterinarios imprevistos. Consulta a las compañías de seguros médicos para mascotas o considera la posibilidad de reservar un poco de dinero cada mes para que no te pille desprevenido, llegado el caso.

¿SABÍAS QUE...?

Si adoptas un gato de protectora, se te pedirá una tasa para cubrir determinados gastos que variará entre los 50 y los 100 euros. También es una forma de que las asociaciones protectoras de animales hagan más responsables de la adopción a los nuevos dueños y puedan salvar a otros animales.

¿DEBO ESTERILIZARLO?

A cabas de adquirir un cachorro y te preguntas si es impres-cindible castrarlo, en el caso de los machos, o esterilizar-lo, en el caso de las hembras. ¿Es realmente necesaria esta operación quirúrgica, que implica anestesia general? La respuesta es sí, sin ninguna duda. Ante todo, porque la pubertad, que se produce en torno a los seis meses de edad, va acompañada de síntomas bastante desagradables, que desaparecen una vez esterilizado el animal.

En las hembras, el celo, periodo durante el cual es fértil, dura aproximadamente una semana. Como es el deseo de aparea-miento lo que desencadena la ovulación, el celo vuelve cada dos o tres semanas, hasta que la gata se ha apareado. Esto no deja mucho tiempo de respiro, lo que provoca un cambio en el comportamiento de la gata: puede ser muy mimosa, pero a ve-ces agresiva, emitir maullidos sin parar y de una manera que resulta realmente molesta; y, si vive dentro de casa, puede tener la tentación de escaparse para buscar pareja.

En los machos, el marcado con orina es la primera manifes-tación de la pubertad. El gato salpica orina sobre elementos verticales para así delimitar su territorio y mostrar su estatus sexual. Este comportamiento resulta aún más incompatible con la vida familiar por el hecho de que el olor de la orina de un macho sin castrar es muy intenso. Será más propenso a alejarse de casa en busca de una hembra en celo y a pelearse con sus congéneres, con un mayor riesgo de contraer enfermedades infecciosas por mordeduras o arañazos, por no hablar de los abscesos recurrentes.

Esterilizar a tu mascota también es una actitud responsable y cívica: ¿por qué no evitar nuevas camadas cuando sabemos que las protectoras están saturadas y que los cachorros suelen ser abandonados? No creas que una hembra necesita parir al menos una vez en la vida para estar equilibrada y sana. Más bien al contrario: al esterilizarla antes de que entre en celo, reduces considerablemente el riesgo de que desarrolle más adelante tumores mamarios o cáncer de ovario o útero.

Por todos estos motivos, es aconsejable esterilizar a los gatos, tanto machos como hembras, antes de la pubertad, es decir, entre los cinco meses y medio y los seis meses de edad (ten en cuenta que si tu gata tiene cinco meses en su primer celo, por coincidir con el inicio de la primavera, puede tener una pubertad precoz, por lo que deberías plantearte esterilizarla antes).

La esterilización y la castración son procedimientos rutinarios que realiza cualquier veterinario. Llegado el momento, te pedirá que dejes a tu mascota por la mañana en ayunas y podrás recogerla al final del día.

En el caso de los machos, la castración implica una incisión en el escroto para extirpar ambos testículos. El gato deberá llevar un collar protector y es buena idea sustituir durante unos pocos días la arena del arenero por papel de periódico. Esto evitará que las partículas penetren en la herida.

En el caso de las hembras, una pequeña abertura en el abdomen o en cada uno de sus flancos permite acceder al aparato reproductor. El veterinario puede extirpar solo los ovarios (ooforectomía) o los ovarios y el útero (ovariohisterectomía). La gata deberá llevar un collar durante diez días, tras los cuales se le quitarán los puntos, a menos que se haya utilizado material de sutura absorbible.

Tras la esterilización, elige una dieta adecuada para evitar que tu gato aumente de peso. Después de la operación, el metabolismo de los gatos cambia ligeramente y gastan menos energía al dejar de buscar pareja sexual. No pienses que un gato esterilizado está destinado a engordar irremediablemente. La actividad física, un entorno estimulante y una dieta adecuada bastarán para mantener a tu pequeño felino en forma.

¿SABÍAS QUE...?

No te plantees darle la píldora anticonceptiva a tu gata. No es fácil de usar y puede provocar tumores mamarios, piometra (infección uterina) y diabetes.

¿DEBE LLEVAR MICROCHIP?

Desde principios del siglo XXI, en España la identificación es obligatoria para todos los perros (entre otras mascotas). El microchip (que asigna un número único a cada mascota) es una forma de proteger al animal. Si no está identificado, se considera sin dueño y podría llegar a ser sacrificado. La identificación también es obligatoria antes de cualquier cesión o compra de un perro o un gato. Así que, tanto si lo has comprado como si lo has adoptado de una protectora o te lo han dado unos amigos que tenían una camada, la normativa obliga a identificarlo previamente.

El microchip, que es del tamaño de un grano de arroz, lo implanta bajo la piel del cuello un veterinario mediante una jeringuilla con una aguja bastante grande, pero muy afilada. Aunque el procedimiento es prácticamente indoloro, a veces es necesario tranquilizar un poco al gato, sobre todo si no se deja manipular con facilidad. Cada microchip tiene un número único de 15 dígitos. En clínicas veterinarias, protectoras y comisarías de policía disponen del lector de microchips necesario para su lectura. Este proceso de identificación tiene muchas ventajas: no requiere anestesia general, es infalsificable, indoloro y eficaz de por vida, y el único sistema que se reconoce internacionalmente (debe tenerse en cuenta si viajas con tu gato). El mayor inconveniente es que, sin lector, es imposible saber si el animal está identificado; muchas personas aún no saben que los gatos pueden llevar microchip y, pensando que el animal encontrado no pertenece a nadie, no piensan en buscar a un profesional que pueda leerlo. Por tanto, es útil, además de implantar el microchip, ponerle un collar provisto de una placa que lo indique. Por esto mismo, algunos veterinarios sugieren tatuar una marca distintiva en la oreja para los gatos con microchip. Esta marca se realiza cuando se anestesia al animal por otro motivo (por ejemplo, durante la esterilización).

El precio de implantar el microchip oscila entre 50 y 70 euros (precio orientativo, claro; hay clínicas que lo hacen más económico).

UN CONSEJO

Si te mudas, recuerda actualizar los datos con el número de identificación de tu gato.

¿NECESITO UN SEGURO MÉDICO PARA MI GATO?

Acoger un gato en casa es el principio de una bonita historia, pero también implica una serie de responsabilidades: alimentarlo, ofrecerle un entorno adaptado a sus necesidades y velar por su salud. Así, los gastos veterinarios, ya sea para la prevención (vacunación, tratamientos antiparasitarios) o para tratarlo si está enfermo o herido, son inevitables. Estos gastos pueden parecer elevados, sobre todo porque no existe un sistema de sanidad universal para los animales. En cambio, desde hace varios años es posible suscribir pólizas de seguro de enfermedad que funcionan como las de las personas.

A través de una gestión y mediante el pago de una cuota mensual, los gastos veterinarios pueden cubrirse, total o parcialmente, según la fórmula elegida.

Las compañías de seguros sanitarios para animales suelen ofrecer varios tipos de paquetes:

- Existen planes básicos por entre 10 y 20 euros al mes. Cubren parte de los gastos relacionados con enfermedades o accidentes (consulta, revisiones adicionales, cirugía y algunos tratamientos).

- Los planes intermedios, por unos 20-35 euros al mes, cubren un mayor número de casuísticas y tienen un límite anual más elevado.

- Por último, existen planes de gama alta, en cuyo caso se cubren casi todos los gastos veterinarios, incluso los denominados de prevención, es decir, vacunas, esterilización, antiparasitarios externos y desparasitación, alimentación dietética y gastos dentales. Por supuesto, el precio es más elevado: entre 40 y 50 euros al mes.

Entonces, ¿es realmente necesario tener un seguro de este tipo para el gato? Se trata ante todo de una elección personal que debes evaluar. Contratar un seguro de enfermedad complementario permite hacer frente a los imprevistos. En general, los propietarios que ya han tenido gastos importantes con una mascota anterior son los más propensos a contratar un seguro de enfermedad para la siguiente. Si tu gato se cae por el balcón o lo atropella un coche, los gastos ocasionados pueden dispararse muy rápidamente (consulta de urgencia, radiografías, cirugía, hospitalización). Pero también es posible que solo necesite la vacuna de recuerdo anual durante toda su vida. Por desgracia, es imposible saberlo de antemano.

Si has decidido finalmente contratar un seguro para tu gato (a ser posible desde una edad temprana), tómate el tiempo necesario para comparar varias compañías, en función de distintos criterios: la tarifa y el límite máximo de la franquicia, el periodo de carencia (el tiempo que transcurre entre el día de la suscripción y el inicio de la cobertura, que puede variar en función de la patología presentada), las enfermedades excluidas, las opciones, la edad hasta la que la mascota estará cubierta, etcétera. Las pólizas que tienen en cuenta la raza suelen ser una garantía de calidad.

¿SABÍAS QUE...?

Se calcula que cada año se practica la eutanasia a 150 000 animales debido a enfermedades graves o accidentes. Muchas de estas enfermedades y lesiones podrían haberse tratado médicamente si los propietarios hubieran dispuesto de los medios económicos necesarios. Por otra parte, está demostrado que los animales asegurados reciben mejores cuidados.

Segunda parte
EL DÍA A DÍA CON TU GATO

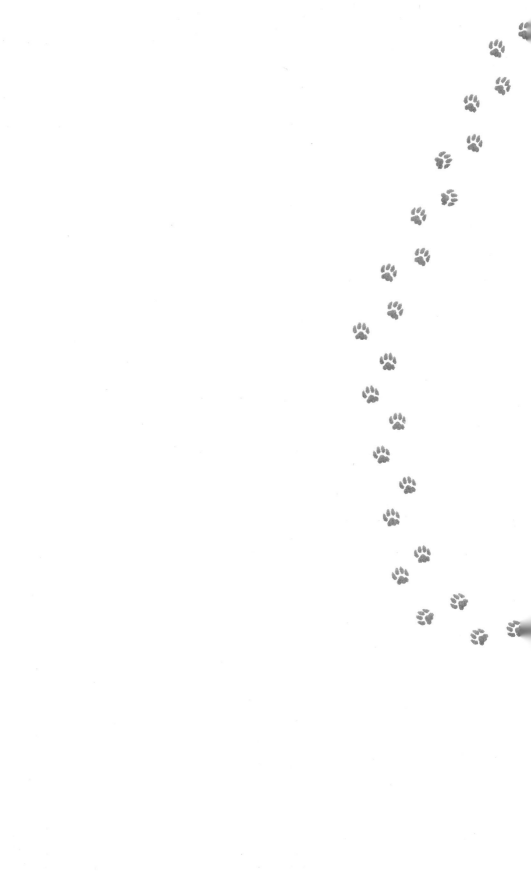

¿CÓMO LO ALIMENTO?

La anatomía, la fisiología y el comportamiento de tu gato recuerdan su naturaleza cazadora. Tiene colmillos y molares afilados que le sirven para arrancar trozos de carne; no se sienten atraídos por los sabores dulces y tienen una cantidad muy baja de enzimas para poder digerir la fibra en el intestino. En resumen, tu gato es un animal carnívoro.

Por lo tanto, su dieta debe consistir principalmente en proteínas animales de buena calidad. Estas garantizan el aporte de aminoácidos esenciales, como la arginina y, sobre todo, la taurina, que el gato no puede sintetizar por sí mismo. Los lípidos también son muy importantes, para proporcionarle la energía necesaria para su metabolismo y permitir la absorción de vitaminas liposolubles.

Los hidratos de carbono digeribles (azúcar y almidón) y no digeribles (fibra alimentaria) no son esenciales en su dieta, pero, llegado el caso, son una fuente de energía a la que puede recurrir rápidamente su organismo. Por último, tu gato también necesita vitaminas y minerales.

Para que esté sano y no le falte de nada, elige piensos preparados. Las raciones están calculadas por nutricionistas para cubrir todas sus necesidades. Por supuesto, la calidad varía de una marca a otra, por lo que serán mucho mejores los comprados en el veterinario o en una tienda de animales. Hay que tener cuidado con los alimentos para mascotas que se venden en los supermercados. Aunque el precio de venta sea atractivo, así como las formas y colores de los granos, la calidad de las materias primas es muy inferior. En el veterinario o en cualquier tienda de animales encontrarás una amplia gama de productos, en función de las características fisiológicas de tu mascota. En efecto, las necesidades de un gato en crecimiento, de una hembra preñada o que está amamantando, de un gato esterilizado o de uno de avanzada edad son diferentes. Por otra parte, no dudes en variar los sabores, desde muy pequeño. Las preferencias alimentarias de un gato se establecen a una edad muy temprana: así, cuanta más variedad de sabores y texturas haya experimentado (e incluso de marcas), menos quisquilloso será de adulto.

Tanto el pienso como la comida húmeda para gatos tienen sus ventajas e inconvenientes. Puedes optar por mezclarlos o alternarlos.

La comida húmeda, como su nombre indica, contiene entre un 70 y un 80% de agua; los gatos no suelen beber mucha agua, por lo que es una forma de garantizar que estén bien hidratados, además de que este tipo de comida suele tener más sabor que el pienso seco. Sin embargo, no puede dejarse en contacto con el aire más de tres horas sin que se estropee y las latas abiertas deben guardarse en el frigorífico (y sacarse media hora antes de su consumo para que el alimento esté a temperatura ambiente). De hecho, el pienso es más cómodo: puedes dejar el cuenco lleno para que el gato coma a su gusto. También debes saber que, en la naturaleza, los gatos salvajes hacen unas veinte pequeñas ingestas al día, esto es, se regulan ellos mismos. Por tanto, lo ideal es acostumbrar a tu gato a una cantidad diaria de pienso que le dejes a su alcance (la cantidad debe adaptarse en función de su peso; para ello, consulta las recomendaciones mencionadas en el envase o pregúntale a tu veterinario).

Si tu gato es demasiado glotón, existen accesorios que distribuyen la comida gradualmente o que exigen un esfuerzo para acceder a ella (comederos en forma de laberinto). Los granos de pienso también tienen la ventaja de obligar al gato a masticar, lo que produce un efecto antisarro.

Tanto si optas por alimentarlo con comida seca como húmeda, elige un lugar tranquilo y limpio para darle de comer: puede ser en alto, sobre todo si también tienes un perro en casa que pueda molestarlo. Por otro lado, nunca le des comida de perro, pues sus necesidades son muy distintas.

Tampoco lo alimentes con restos de comida: tú y tu gato no tenéis las mismas necesidades y no es un alimento adecuado. Si realmente quieres complacerlo con algo de restos de tu propia comida, procura que no represente más del 10% de su ración diaria. En este caso, no te sorprendas si luego te pide comida o la trata de robar.

También puedes optar por prepararle tú mismo la comida. Sin embargo, hay que tomar algunas precauciones, ya que la comida casera suele ser inadecuada y carecer de vitaminas, minerales y taurina, el aminoácido que los gatos no pueden sintetizar. Pídele a tu veterinario que te ayude a elaborar una dieta equilibrada. También debes tener en cuenta que suele ser más cara.

Los gatos son caprichosos. A veces, un simple cambio en su alimentación puede mantenerlos alejados de su cuenco de comida. De todas formas, ten en cuenta que la pérdida de apetito por parte de un gato es uno de los primeros síntomas de enfermedad, ansiedad o estrés.

¿SABÍAS QUE...?

Los gatos no beben mucha agua, pero les gusta ser imaginativos: a algunos les gusta beber directamente del grifo, o lamer el plato de la ducha... Respeta estas manías, sobre todo porque las enfermedades renales y del tracto urinario son comunes en los gatos, por lo que es importante que beban lo suficiente.

Recuerda también dejarle siempre un cuenco con agua fresca a su disposición.

Una fuente de agua para gatos puede ser una buena inversión para los que les gusta beber agua en movimiento.

¿PUEDO DARLE LECHE?

Se trata de una idea errónea que todavía tiene mucha vigencia, ya que la imagen del gatito lamiendo un cuenco lleno de leche está muy arraigada en nuestro inconsciente colectivo.

A menudo se considera que los gatos son animales que beben poco y durante mucho tiempo se pensó que darles leche era una forma de compensarlo. Sin embargo, se trata de una mala costumbre, porque la leche de vaca es demasiado pobre en lípidos, proteínas y sales minerales, así como demasiado rica en lactosa para nuestro pequeño amigo. De hecho, una vez que el gatito se desteta definitivamente (en torno a las ocho o diez semanas de edad), dejará gradualmente de producir una enzima intestinal, la lactasa, y perderá su capacidad para digerir la lactosa, el azúcar presente en la leche. Por lo tanto, muchos gatos se vuelven intolerantes a la lactosa y pueden experimentar diarrea temporal o incluso crónica al tomar leche.

Pero algunos gatos también pueden ser alérgicos a las proteínas de la leche, lo que puede dar lugar a trastornos digestivos o cutáneos, picores, etcétera. Esto dista mucho de la idea de producto reconfortante que se ve en los dibujos animados infantiles.

En cambio, algunos felinos pequeños absorben muy bien la leche y les encanta. En este caso, puedes dársela a tu gato como golosina, pero sin incluirla en su dieta diaria, ya que tiene un importante contenido calórico.

Si acoges a un gatito huérfano que aún no ha sido destetado, no le des leche de vaca. Contiene menos energía y proteínas que la leche de gato. Tu veterinario podrá proporcionarte una leche especial para gatitos que se adapte mejor a sus necesidades.

UN CONSEJO

Si tu gato está acostumbrado a beber leche, haz que vaya consumiendo menos, diluyéndosela cada vez con más agua. Con el tiempo, dejará de interesarle.

¿POR QUÉ COME HIERBA?

Tu gato es carnívoro, y, sin embargo, lo has visto comer hierba. Este comportamiento, aunque sorprendente, no es anormal y no hay motivo para preocuparse, incluso si el gato vomita inmediatamente después. A menudo, este es el efecto deseado. Al vomitar, está aliviando cualquier molestia gástrica y eliminando lo que no puede digerir. Recuerda que tu gato es un depredador y que, cuando come presas, también ingiere partes no digeribles, como pelo o fragmentos de hueso.

Esto también le ocurre con su propio pelo, que acumula en el estómago al acicalarse; en este caso, comer y regurgitar hierba le ayudará a deshacerse de él. A veces, la hierba ingerida sigue avanzando por el tubo digestivo. Gracias a la fibra que contiene, tendrá un efecto laxante: al estimular la motilidad intestinal, el gato podrá eliminar más fácilmente las bolas de pelo, esta vez en las heces.

Por último, ten presente que el gato se automedica utilizando un método natural. Por eso, si tu gato no tiene acceso al exterior, dale hierba gatera, que puedes encontrar en tiendas de animales. No lo prives de este comportamiento natural. Así evitarás que ingiera otras plantas de interior, que pueden ser extremadamente tóxicas.

A menudo se dice que los gatos se purgan cuando comen hierba. Sin embargo, la hierba gatera no es un antiparasitario y el hecho de que tu gato la coma no significa que no tengas que tratarlo contra los parásitos internos (cuatro veces al año).

De todas formas, si tu pequeño felino empieza a comer y a vomitar hierba todos los días, significa que sus propios intentos de hacer sus necesidades son infructuosos; consulta al veterinario para que compruebe si tiene obstrucción intestinal.

¿SABÍAS QUE...?

La hierba gatera es una planta aromática de la familia de la menta. No debe confundirse con la hierba gatera comercial. Cuando el gato la huele, le produce un efecto agradable y eufórico durante cinco a diez minutos. No se conocen efectos adictivos y puede utilizarse para hacer sentir bien a un gato deprimido o para animar a jugar a un gato tímido. Sin embargo, un tercio de los gatos no reacciona en absoluto a ella.

MI GATO ESTÁ DEMASIADO GORDO: ¿QUÉ PUEDO HACER?

La obesidad es una auténtica plaga entre los gatos domésticos y puede tener graves consecuencias para la salud de tu mascota. Se calcula que un tercio de los gatos tienen sobrepeso o son obesos.

Al igual que en los humanos, el sobrepeso puede provocar muchas otras enfermedades, reducir la calidad de vida y, lo que es peor, la esperanza de vida. Diabetes, dolores articulares, mayor propensión a las infecciones del tracto urinario, enfermedades cardiacas y respiratorias son algunos de los riesgos a los que expones a tu gato obeso si no tomas las medidas necesarias.

Un gato engorda debido a una vida demasiado sedentaria (es muy propio del gato de interior, cuyo aporte calórico es superior al gasto), al estrés, a una alimentación no adaptada (a su edad o a su estado fisiológico) o compuesta por demasiadas sobras, pero también si padece una enfermedad metabólica. Recuerda que un animal esterilizado tiene un metabolismo que requiere menos energía que un animal sin esterilizar.

El primer paso es reconocer que tu gato tiene sobrepeso. Que haya muchos gatos con sobrepeso puede llevar a asumir que esta forma corporal es la normal.

Para saber si tu gato tiene el peso adecuado, obsérvalo desde arriba. Debería tener una cintura marcada (obviamente, esto es más difícil de ver en los gatos de pelo largo). Coloca las manos a ambos lados del pecho. ¿Le puedes contar las costillas bajo la capa de grasa subcutánea? Si tienes que presionar e insistir para palparlas, tu gato tiene sobrepeso. Si aun insistiendo no puedes palparlas, es probable que tu gato sea obeso. También puede tener bultos de grasa por encima de las caderas y en la zona de las ingles.

No dudes en ir al veterinario; te ayudará a evaluar el exceso de peso, le realizará una revisión complementaria para comprobar que no sufre ninguna otra patología y te guiará para establecer una dieta adecuada.

Probablemente te recomendará un alimento bajo en calorías, con una cantidad de proteínas que cubra las necesidades de tu mascota para que no pierda masa muscular, fibra suficiente para aumentar la sensación de saciedad y un menor contenido en grasa.

Haz una transición dietética gradual de su comida anterior a la nueva para evitar trastornos digestivos.

Respeta las cantidades, consultando las recomendaciones del envase o las del veterinario. Te sorprenderá comprobar que la cantidad diaria es bastante baja y muy inferior a la que solías darle. Puedes mezclar calabacines o judías verdes cocidas con su pienso. Estas verduras no tienen muchas calorías y le saciarán lo suficiente, por lo que le resultará más fácil reducir la cantidad de comida. También puedes darle comida húmeda como alternativa, siempre que se corresponda en cantidad con la ingesta calórica diaria.

No pienses que tu gato es capaz de regular su ingesta de comida, especialmente si no sale al exterior y puede aburrirse. Es mejor que haga varias comidas pequeñas al día (cuatro sería lo ideal). Si tu actividad profesional no te lo permite, puedes invertir en un dispensador de comida con temporizador (a partir de unos 50 euros), muy práctico para regular la ingesta de comida.

No le des a tu gato ninguna sobra y, si sale a la calle y lleva collar, puedes escribir en él «No me des de comer». Tus vecinos captarán el mensaje.

Un estudio reciente ha demostrado que los gatos son más activos en la hora anterior a la comida, así que aprovecha la oportunidad para animarlo a moverse más. Porque, para adelgazar, no solo hay que reducir la ingesta de calorías, sino también aumentar su actividad física. Estimúlalo con nuevos juegos, interactúa con él y adapta los ejercicios: no le pidas demasiado esfuerzo a un gato muy obeso.

Recuerda que, en su estado natural, los gatos se buscan la comida: cazan y gastan energía para conseguir sus objetivos. ¡Haz lo mismo con el tuyo! Hoy en día existen en el mercado muchos juguetes dispensadores de comida: estimulación intelectual y física garantizada para que tu felino reciba su ración de pienso. También puedes poner en práctica otras ideas sencillas y baratas: ofrécele la comida en los agujeros de un ladrillo colocado en vertical, en un cartón vacío de huevos o incluso en una botella de plástico sin tapón. De este modo, tendrá que ser muy ágil y pensar para llegar a ella. Para los más glotones, esto evita que se coman toda su ración de una sola vez.

Estos consejos también pueden utilizarse como medida preventiva para evitar que el gato engorde.

¿SABÍAS QUE...?

Si tu gato tiene sobrepeso, no reduzcas drásticamente su ingesta de alimentos. Los gatos son muy susceptibles a la lipidosis hepática, una grave enfermedad del hígado que se desarrolla cuando los gatos pierden el apetito o están mal alimentados. Esta enfermedad puede poner en peligro la vida de tu gato. Así que, si tu gato lleva cuarenta y ocho horas sin comer, es esencial que le consultes al veterinario.

¿HAY ALIMENTOS PELIGROSOS PARA MI GATO?

Lo que es bueno para ti puede no serlo para tu amigo de cuatro patas. Su metabolismo es diferente y la digestión de determinados alimentos puede liberar productos tóxicos en su organismo.

- El chocolate, por ejemplo, contiene teobromina. Esta sustancia actúa como diurético, estimulante cardiaco, vasodilatador y relajante muscular. Todos estos efectos combinados pueden provocar un fallo cardiaco y la muerte de la mascota. El riesgo de intoxicación por chocolate es menor que en el caso de los perros, ya que los felinos no tienen papilas gustativas para el dulce y no se sienten atraídos por este sabor. Pero no te arriesgues. La teobromina es un componente cercano a la cafeína y la teína, y ninguna de estas sustancias es buena para tu gato.
- Las uvas, por alguna razón, son una fruta tóxica para los felinos, pues les causan graves daños renales.
- No le des nunca cebollas, ni crudas ni cocinadas, ya que este alimento puede destruir sus glóbulos rojos y provocarle anemia, lo que puede causarle la muerte. También deben evitarse los alimentos de la misma familia, como el

ajo y el cebollino. Algunos propietarios les dan a sus gatos comida para bebés. No solo es inadecuada, sino que a menudo contiene cebolla y ajo.

- ¿A tu gato le encanta el atún? Ten cuidado si le das atún enlatado destinado al consumo humano. Al tener un alto contenido en mercurio y grasa animal, puede provocar una grave esteatosis hepática. En cambio, no te preocupes si la comida para gatos que le das tiene atún.
- También deben evitarse los huevos y el pescado crudo. La avidina (una proteína) de los huevos destruye la biotina, una vitamina importante para el crecimiento y el pelo del gato, mientras que la tiaminasa (una enzima) provoca carencia de vitamina B1 y trastornos neurológicos asociados. Por supuesto, estos efectos son a medio plazo. Tu gato no corre riesgo de intoxicación si se ha comido un huevo crudo o una sardina.
- Otros alimentos también están totalmente desaconsejados: aguacate, frutos secos, patatas crudas, setas.

Si tu gato ha ingerido alguno de estos alimentos tóxicos (especialmente chocolate, uvas, cebolla o ajo), trata de averiguar la cantidad ingerida y consulta con el veterinario. Presta atención a cualquier signo preocupante (vómitos, salivación excesiva, apatía, comportamiento anormal, dificultad para respirar, aumento repentino de la sed u otro) en las horas siguientes.

¿SABÍAS QUE...?

Los alimentos para perros no son tóxicos para los gatos. Sin embargo, su composición no cubre en absoluto las necesidades de los felinos, por lo que el riesgo de carencias es importante.

¿SON PELIGROSAS LAS PLANTAS PARA MI GATO?

Si tienes un gato en casa y le apasionan las plantas y las flores, debes saber que esto puede ser un problema. Muchas variedades de plantas son especialmente tóxicas si las ingiere un gato. Pero ¿por qué iba a comer plantas? Hay dos razones para ello. En primer lugar, los gatos comen hierba cuando tienen molestias en el intestino delgado o para ayudarse a regurgitar las bolas de pelo. Por otro, si tu gato vive sin acceso al exterior y se aburre, puede que simplemente le divierta jugar o frotarse con las plantas, incluso probarlas, algunas de las cuales pueden provocar reacciones cutáneas al contacto. Así que hay que extremar las precauciones.

Hay decenas de plantas tóxicas para los gatos y conviene conocer las más comunes.

La más peligrosa es el lirio porque su polen es un auténtico veneno. Puede esparcirse por toda la casa, pero también en el pelaje de tu mascota, que puede intoxicarse al acicalarse, hasta el punto de sufrir un fallo renal agudo.

Con otras plantas, se trata más bien de la ingestión la que puede ser responsable de la intoxicación. En general, su sabor amargo y su astringencia no incitan al gato a consumir grandes cantidades y suele vomitar muy rápidamente. Pero todos los años se producen accidentes. Aunque sean pocos, conocer los peligros ayuda a evitarlos.

Por ejemplo, la savia de la flor de Pascua y del ficus son venenosas. Aunque tu gato no muerda deliberadamente las hojas, su curiosidad y su naturaleza de aventurero pueden llevar a que lo haga algún día, sobre todo porque estas plantas son muy comunes en casa.

Otras plantas que representan un peligro son la amarilis, el clorofito, el ciclamen, el azafrán, el geranio, el aloe vera, la dieffenbachia, el filodendro, el jacinto, la yuca, la datura... Esta lista no es exhaustiva. Así que presta atención a las plantas que tienes en casa y en el jardín. Los gatos más pequeños suelen ser los más expuestos, ya que su afán y necesidad de explorar el entorno pueden llevarlos a probar nuevos alimentos.

Los accidentes graves son raros, pero hay que tener presentes los síntomas que deben alertarte en caso de ingestión de plantas potencialmente tóxicas: hipersalivación, vómitos, diarrea, dolor abdominal, dificultad respiratoria o inflamación de las mucosas.

En caso de duda, ponte en contacto con tu veterinario o con un centro toxicológico para saber qué hacer.

UN CONSEJO

Ofrécele las plantas que puedan ser tóxicas para tu gato a un amigo que no tenga mascotas. Por desgracia, no existen repelentes naturales que sean eficaces y seguros para evitar exponer a tu gato al peligro que suponen.

¿CÓMO VIAJAR CON MI GATO?

Viajar con un gato requiere organización, pero también el cumplimiento de ciertas obligaciones. Cuando viajes en tren, tu gato deberá hacerlo en una bolsa o transportín (en España, las medidas máximas son de 60 × 35 × 35 cm). El animal permanecerá bajo tu responsabilidad durante todo el viaje y no podrás sacarlo. Deberá abonar un billete extra (un 75% más económico que un billete regular), que podrás comprar en línea o en las taquillas. (En España solo se permite una mascota por persona.)

Para viajar en avión, consulta con la compañía aérea, ya que no todas admiten animales de compañía. Si tu gato viaja en cabina contigo, debe ir en un transportín cuyo peso total no debe superar el límite autorizado por la compañía aérea (generalmente ocho kilos). Los precios varían según la distancia y la compañía. Las normas para el equipaje facturado las decide cada compañía aérea, que también te indicará qué modelos de jaula están permitidos. Ten en cuenta que algunas compañías no permiten transportar en bodega razas de cara achatada (persa, exótico de pelo corto...), ya que son más propensas a padecer problemas respiratorios y muchas empresas no quieren correr el riesgo.

El gato también deberá cumplir determinados requisitos administrativos y sanitarios en función del país al que viaje.

Para todos los viajes dentro de la Unión Europea, el animal debe tener al menos quince semanas de edad, estar identificado con un microchip (o un tatuaje en la oreja si es correctamente legible y se hizo antes del 3 de julio de 2011), estar vacunado contra la rabia (al menos veintiún días tras su primera vacunación y con los correspondientes recordatorios) e ir acompañado de un pasaporte europeo, expedido y cumplimentado por un veterinario.

Algunos países de la Unión imponen medidas adicionales, como es el caso del Reino Unido, Finlandia, Irlanda y Malta. Además del microchip, debe haber seguido un tratamiento contra garrapatas y lombrices (que causan equinococosis) entre cinco días y veinticuatro horas antes de viajar y someterse a una prueba serológica de anticuerpos antirrábicos. Desde 2014 ya no es necesaria la cuarentena para todos los animales que entran en el Reino Unido.

Para los demás países, lo recomendable es informarse en las embajadas correspondientes de las medidas específicas. Ten en cuenta que en algunos países los servicios aduaneros te podrán exigir también un certificado sanitario expedido por un veterinario y una valoración serológica antirrábica realizada al menos tres meses antes. Se trata de un análisis de sangre que evalúa el nivel de anticuerpos contra el virus de la rabia y garantiza la eficacia de la vacunación por haber estado el animal potencialmente expuesto a la enfermedad. El resultado debe ser superior a 0,5 UI/litro. Ten en cuenta que este nivel en sangre es el esperable durante toda la vida del gato si se respetan las fechas de las vacunaciones de refuerzo contra la rabia. Por tanto, lo ideal es anticipar los viajes y llevar a cabo todas estas medidas antes de salir, para que el regreso con tu animal de compañía no plantee ninguna dificultad.

El objetivo de todas estas precauciones es evitar introducir en el país animales portadores de la rabia.

UN CONSEJO

Para que tu gato sufra menos estrés por el viaje, puedes recurrir a feromonas sintéticas compradas en el veterinario o la tienda de animales y pulverizarlas, antes de partir, donde vaya a viajar.

¿EN MANOS DE QUIÉN LO DEJO DURANTE LAS VACACIONES?

Puedes dejar a tu gato solo durante veinticuatro horas. Si es más, tendrás que encontrar una alternativa. Lo mejor para él es que se quede en casa. Permanecer en su territorio lo tranquilizará mucho y vivirá mejor tu ausencia. En este caso, debes buscar a alguien que pueda venir a cuidarlo: no basta con dejarlo solo con una gran cantidad de pienso y un cuenco de agua. También hay que limpiarle la arena (a riesgo de que, si no se hace, desarrolle comportamientos inadecuados), comprobar que no ha habido percances, que no está enfermo, darle agua fresca, su comida... Es preferible mantener su horario habitual para darle de comer. Pero también necesitará interacción, sobre todo si es muy sociable. Quedarse solo puede resultarle aterrador. ¿Quizá tienes familiares o vecinos dispuestos a hacerte un favor y cuidar de él? Si no es así, ten en cuenta que hay varias opciones.

Elige a alguien responsable —y adulto— de tu círculo o a cuidadores profesionales.

Si recurres a una empresa, infórmate de sus tarifas (entre 15 y 30 euros por visita), de la cobertura de tu seguro (puesto que le dejarás las llaves de tu casa) y concierta una cita en casa para hacer las presentaciones, hablar de los hábitos y necesidades del animal... Una relación de confianza es esencial. La persona que lo cuide podrá informarte diariamente, evaluar el estado de salud del gato y tomar decisiones en caso de problemas (dale el contacto de tu veterinario).

También puedes encontrar una familia de acogida a través de internet, incluso en sitios de intercambio de servicios. Recuerda, no obstante, que el gato es un animal territorial y de costumbres. Detesta que se le cambie la rutina. Aunque esté rodeado de todo el cariño imaginable, estar en un entorno totalmente desconocido para él puede generarle estrés y provocar comportamientos indeseados, como el marcado con orina, arañazos o pérdida de apetito. Pero eso no significa que no pueda salir bien.

También puedes dejarlo en una guardería para gatos. Visita previamente el lugar para hacerte una idea de las condiciones de alojamiento y de la proximidad con otros animales (por ejemplo, si se trata de una residencia conjunta para perros y gatos). Hoy en día existen guarderías muy profesionales, donde los gatos disponen de espacios propios bastante amplios, diseñados para satisfacer todas sus necesidades, a veces incluso con cámara web para que puedas ver que todo va bien. El alojamiento en guarderías es una solución práctica, pero no necesariamente la ideal para todos los gatos, así que sopesa bien los pros y los contras de tomar esta decisión.

UN CONSEJO

Si tu gato pasa mucho tiempo fuera y no soporta estar encerrado durante su ausencia, haz que pueda entrar y salir de casa a su antojo; una gatera o un acceso por el garaje servirán. Algunas gateras reconocen electrónicamente el chip de identificación del gato para que tu casa no se convierta en un lugar de reunión de todos los gatos del barrio. En cualquier caso, no prescindas de las visitas regulares de un tercero (para su alimentación, el mantenimiento de la arena, supervisión general).

HE PERDIDO A MI GATO: ¿CÓMO LO ENCUENTRO?

Si tu gato sale mucho, es probable que en alguna ocasión ya haya desaparecido durante veinticuatro horas o más. Hay algunas reglas que puedes seguir para evitarlo. Crea rutinas: si le das de comer a horas fijas, será más probable que las respete. Esteriliza a tu gato para que no busque pareja sexual ni se apropie de demasiado territorio. Y haz que tu casa le resulte atractiva, con juegos variados y lugares cómodos para descansar; en definitiva, todo aquello que enriquezca su entorno y no le haga querer irse a otra parte.

No olvides identificarlo: con microchip, un collar y una chapa para que puedan ponerse rápidamente en contacto contigo. De este modo, tu gato no será considerado un animal abandonado, que podría acabar adoptado por otra persona o, en el peor de los casos, ser sacrificado.

A pesar de todas estas precauciones, es posible que tu gato siga ausentándose de casa por periodos de más de veinticuatro horas.

Las razones de esta ausencia pueden ser varias: se ha alejado demasiado de casa y le cuesta encontrar el camino de vuelta; se ha hecho daño y no tiene fuerzas para regresar; se ha quedado atrapado en algún sitio sin querer (un vecino que ha cerrado la puerta de su garaje sin saber que el gato estaba allí); se ha quedado en lo alto de un árbol y no puede bajar; ha elegido por decisión propia irse de tu casa (acabas de adoptar un perro o has vuelto con un bebé), o lo ha recogido alguien.

En primer lugar, asegúrate de que tu gato puede entrar en casa: dale acceso también por la noche o cuando no estés. Proporciónale un cuenco en la terraza con su comida favorita.

Llámalo gritando su nombre, pero disimula todo atisbo de preocupación: podría interpretarlo como una amenaza. Estate atento a los ruidos del exterior. Para aumentar las posibilidades de que te oiga, intenta llamarlo por la noche, cuando hay menos ruido. Sobre todo, insiste en buscar durante al menos veinte minutos cada noche y no te rindas pasados tres días: si tu gato está herido y ha perdido los nervios, necesitará tiempo para oírte, localizarte y encontrar fuerzas para volver contigo. Pregunta a tus vecinos y pídeles que revisen sus sótanos o garajes.

Da varias vueltas por el barrio llamándolo y lleva su transportín por si acaso.

Ponte en contacto con las clínicas veterinarias más cercanas. Si lo han encontrado herido y alguien se ha hecho cargo de él, lo esperable es que lo hayan llevado al veterinario. También puedes ponerte en contacto con las protectoras, el ayuntamiento o incluso la policía municipal y dejarles tus datos de contacto y la descripción del animal.

Hoy en día, las redes sociales son un recurso maravilloso para encontrar a mascotas perdidas. Así que utilízalas, pide a tus contactos que transmitan tu mensaje y ten siempre fotos recientes de tu mascota para publicarlas. También hay sitios web dedicados a las mascotas perdidas: recopilan información de dueños que han extraviado a su mascota y de personas que han visto a un perro o gato aparentemente sin dueño. Puedes encontrar a tu mascota consultando estos sitios.

Utiliza también los métodos más tradicionales: coloca carteles en lugares estratégicos del barrio, como en las paradas de autobús o en los comercios locales.

Nunca pierdas la esperanza: a veces permanecen fugados semanas o incluso meses tras la desaparición. No desistas y sigue buscándolos.

UN CONSEJO

Si acabas de mudarte, no dejes salir a tu gato demasiado pronto. Mantenlo dentro de casa al principio para que pueda orientarse, acostumbrarse a su nuevo territorio y observar el mundo exterior con seguridad. Durante las primeras salidas al jardín, vigílalo y limita la duración. Por supuesto, tendrás que ir confiando en él poco a poco, pero respetando estos pasos reducirás el riesgo de que se pierda.

¿ES POSIBLE VIVIR EN UN HOGAR SANO TENIENDO UN GATO?

Compartir tu vida con un gato también significa aceptar algunos inconvenientes: el arenero, los pelos, los arañazos... Pero, con un poco de organización, conseguirás mantener la casa en perfectas condiciones.

La arena debe limpiarse a diario para impedir la aparición de malos olores, pero también para evitar el riesgo de que tu gato orine en otro lugar. Si has elegido una arena absorbente, retira las heces una o dos veces al día. Cada dos o tres semanas debes limpiar toda la caja y cambiar la arena. Utiliza lejía: además de ser un desinfectante, el olor atraerá a tu gato para que haga allí sus necesidades. Coloca la caja sobre una alfombra que sobresalga bastante; así evitarás que tu gato manche en exceso al entrar y salir y la podrás limpiar tan solo sacudiéndola. Aunque tu gato pase mucho tiempo acicalándose, cepíllalo con regularidad. Todo el pelo muerto que se quede en el cepillo será pelo que no ingerirá ni acabará en alfombras y sofás. Para eliminar el pelo de la tapicería, hay unos rodillos que también se usan para la ropa o hazte con un par de guantes de látex, que son especialmente buenos para atrapar el pelo.

No olvides limpiar a diario los cuencos donde el gato come y bebe. Si le das comida húmeda, no debes dejarla a la intemperie a temperatura ambiente durante más de tres horas. Si utilizas un recipiente para el pienso, vacíalo completamente dos veces al mes para que no queden en el fondo restos de comida caducada: ya no tiene valor nutritivo y podrían enmohecerse y contaminar el nuevo pienso.

También deberías limpiar regularmente sus juguetes o darle otros nuevos; el cambio lo estimulará.

Por otra parte, si el rascador, la estructura para gatos o la cesta de tu mascota están anticuados, no te apresures a sustituirlos. Ten en cuenta que tu gato los ha marcado con sus olores y feromonas, y contribuyen a que su entorno sea relajante y tranquilizador. Si cambias todo a la vez, podrías hacer que tu gato perdiera sus elementos de referencia y crearle una situación estresante, con la posible aparición de comportamientos indeseables. Siempre es mejor darle tiempo para que se adapte a los nuevos objetos que le compres, colocándolos junto a los antiguos para que se vaya acostumbrando poco a poco. Solo cuando tu gato empiece a adoptar los nuevos podrás deshacerte de los demás.

Por supuesto, pasar la aspiradora con frecuencia, limpiar el suelo y airear la casa será bueno para tu gato y para ti.

UN CONSEJO

La desparasitación interna y externa también es esencial para garantizar un hogar sano para toda la familia, sobre todo si tu gato comparte la cama o el sofá. Si tiene pulgas, puedes plantearte un tratamiento ambiental en forma de fumigantes o espráis.

¿PUEDO BAÑARLO?

Los gatos pasan gran parte del día acicalándose. Se trata de un comportamiento natural que les ha valido la reputación de animal limpio. Con su lengua rasposa, el gato se limpia, se deshace del pelo muerto y estimula que le vuelva a salir.

Pero tú también puedes participar en el mantenimiento de un pelaje suave.

Acostumbra a tu gato a que lo cepillen regularmente desde pequeño. No solo puede ser una forma divertida de compartir un momento, sino también una manera de cuidarle el pelaje y la piel, que son un reflejo de su salud general. Al cepillar el pelo muerto, conseguirás reducir la cantidad que ingiere. Si ingiere mucho pelo, puede provocarle bolas en el tracto digestivo.

Los gatos de pelo largo requieren cuidados más regulares, incluso diarios. A pesar de su aseo, su pelaje a veces presenta nudos, que luego se convierten en bolas de pelo imposibles de desenredar. La única solución es quitárselos con una maquinilla: deja esta tarea en manos del veterinario o de un peluquero, ya que los gatos tienen una piel tan fina que se corre el riesgo de herirlos. También es poco probable que tu gato te deje hacerlo.

Cuando el gato envejece o está enfermo, se acicala menos. Si lo has acostumbrado, dejará que lo cepilles y podrás ayudarle a mantener su pelaje en buen estado.

Por otra parte, un gato no necesita que lo bañen, salvo en determinadas circunstancias: una enfermedad de la piel que requiera champús específicos, un gato que no se acicala en absoluto, un pelaje cubierto de grasa, aceite de atún en lata...

Llévalo a un profesional si no te sientes capaz. Si no, lávalo tranquilamente en la bañera, con agua a la temperatura adecuada y champú para gatos, tomando algunas precauciones antes de empezar, como cortarle las uñas y ponerle algodón en las orejas.

UN CONSEJO

Después del baño, sécalo bien con una toalla grande o incluso con un secador de pelo si tolera el ruido y el aire. Si mantiene algo de humedad, puede enfriarse rápidamente, ya que los gatos tienen poca grasa subcutánea aislante. Esta es una de las razones por las que no les gusta mojarse. Otra explicación viene de sus orígenes: el antepasado del gato doméstico procede de Oriente Próximo, una región desértica y poco propicia al baño. Pese a todo, el gato es un excelente nadador.

¿CÓMO LE CORTO LAS UÑAS?

Como ya habrás comprobado, a tu gato le gusta arañar... en los troncos de los árboles, en tu alfombra o en cualquier otra superficie rugosa. Este comportamiento de marcado también le permite estirar la espalda y eliminar las capas muertas de sus garras para afilarlas.

Pero resulta desagradable que un gato se te suba encima con las uñas afiladas. Por eso tendrás que recortárselas de manera regular, una vez al mes aproximadamente. Para evitar que la pedicura se convierta en un trauma para los dos, procede por etapas.

Cuando tu gato esté tumbado en tu regazo, tócale suavemente las patas, concentrándote en las extremidades; de este modo irás desensibilizando esta zona.

Al cabo de varios días, cuando le agarres la punta de las patas, presiona con el pulgar la parte superior de la pata mientras mantienes una ligera presión sobre la almohadilla: verás salir las uñas, que son retráctiles por el pliegue de la última falange. Haz lo mismo con todas las uñas y repite esta manipulación durante varios días hasta que tu gato esté perfectamente relajado y se sienta confiado.

Aprovecha para mirar la uña de cerca; verás que en el interior hay una pequeña estructura rosácea: se llama matriz y contiene un vaso sanguíneo y una terminación nerviosa. La matriz no llega hasta la punta.

Antes de cortarle las uñas por primera vez, asegúrate de que tienes el equipo necesario: un cortaúñas, que puedes encontrar en tiendas de animales. Tus tijeras o cortaúñas no son adecuados, ya que tienden a aplastar la uña.

Con tu gato en el regazo, bocabajo, puedes empezar la sesión: saca una uña y córtala, evitando por supuesto la matriz —no solo le harías sangrar, sino que sería doloroso—. Deja un margen de 2 o 3 mm para no lastimarlo. Si la garra sangra, desinféctala con un algodón y mantenla comprimida un minuto, hasta que deje de sangrar.

Si a tu gato le cuesta quedarse quieto, no lo fuerces; puedes cortarle las uñas en varias sesiones. Haz que la experiencia sea positiva cada vez. Puedes recompensarle con caricias o pequeños premios.

No intentes cortarle las uñas mientras duerme plácidamente sobre ti. Si lo haces, lo sorprenderás y correrás el riesgo de traicionar la confianza que ha depositado en ti.

UN CONSEJO

Para los gatos con acceso al exterior, es aconsejable dejar las garras de las patas traseras un poco más largas, para que puedan trepar y escalar a gusto. El rascado en algunas arenas suele proporcionar un mantenimiento suficiente de las uñas de las patas delanteras.

¿PUEDO RECORTARLE LOS BIGOTES?

Los bigotes en el gato son vitales e increíblemente funcionales.

El nombre científico de los bigotes del gato es «vibrisas». Son pelos largos y duros, tres veces más gruesos que los demás pelos, y se encuentran en varios lugares del cuerpo del animal: alrededor del hocico, encima de los ojos, en la barbilla, pero también en la parte posterior de las patas delanteras, justo encima de la quinta almohadilla.

Al igual que otros pelos, cada vibrisa se origina en un folículo piloso presente en el espesor de la piel, que es más grande y también mucho más inervado y vascularizado que otros folículos. Esto es lo que confiere a los bigotes una sensibilidad excepcional a los objetos u obstáculos que rodean al gato, a las variaciones de presión atmosférica y a las vibraciones. Son una especie de antenas que el gato utiliza para localizarse mejor en el espacio, sobre todo en la oscuridad.

Así, cuando el gato necesite escapar, los bigotes le dirán si puede hacerlo, pues la anchura de los bigotes se corresponde con la anchura del cuerpo del gato —claro está, si el gato no tiene sobrepeso—. Las vibrisas de las cejas detectan la presencia de un obstáculo (la rama de un árbol, por ejemplo) y el gato cierra los ojos para evitar hacerse daño. Estas «antenas» son, por tanto, muy útiles para un cazador nocturno que necesita ser lo más discreto posible.

Las vibrisas de la parte posterior de las patas son características de los animales que trepan y saltan. Como los gatos ven mal de cerca, también les sirven para juzgar mejor el estado de una presa: ¿está muerta? ¿Está intentando escapar? ¿Hay que morderla de nuevo en el cuello?

Los bigotes también desempeñan un papel en su lenguaje corporal. Si tu gato los echa hacia atrás, significa que está a la defensiva o preocupado; si los echa hacia delante, estará mostrando curiosidad, en modo explorador.

No debes cortarle los bigotes, aunque les vuelvan a crecer. Son esenciales para que tu gato pueda vivir sin sufrir lesiones en su entorno.

¿SABÍAS QUE...?

Las vibrisas de un gato se caen de forma natural porque, al igual que el pelo, se renuevan por sí solas; sin embargo, el ciclo de crecimiento y rebrote es mayor porque son más grandes y tienen un diámetro mayor. Un gato enfermo no solo perderá el pelo, sino también las vibrisas. Preocúpate si tu gato ya no tiene sus bonitos bigotes alrededor de la boca y el hocico.

Si encuentras uno de sus bigotes en el suelo, pide un deseo: se dice que trae buena suerte.

¿POR QUÉ DUERME TANTO?

Si tu gato se pasa la mayor parte del día durmiendo, no te preocupes, es perfectamente normal. El gato medio duerme entre quince y veinte horas al día, pero eso no significa que sea perezoso.

Como depredador, la caza es su actividad favorita y requiere mucha energía: buscar la presa, acercarse discretamente, movilizar todos sus músculos y sentidos para abalanzarse sobre ella en el momento justo, matarla y digerirla. Dormir le permite recuperarse y ahorrar fuerzas. Aunque tu gato se alimente a diario y no haga ningún esfuerzo, esta actividad de caza permanece en sus genes y muchos de sus comportamientos derivan de ella, como la necesidad de dormir. Sin embargo, tu pequeño felino no duerme profundamente durante quince horas al día.

Se trata principalmente de un sueño ligero, intercalado con fases de sueño profundo de diez a quince minutos cada una, durante las cuales se supone que está soñando, sobre todo si tiene movimientos espasmódicos con las patas u otras partes del cuerpo.

Cuando duerme con un solo ojo abierto, sigue siendo consciente de lo que le rodea. Esto se nota en el movimiento de las orejas. Así, es capaz de despertarse en cualquier momento y abalanzarse sobre su presa si es necesario.

Los gatos pueden dormir en cualquier sitio, pero prefieren los lugares acogedores. Así que no te sorprendas si te lo encuentras en el armario o en el cesto de la ropa sucia. También disfrutan en suelos de baldosas soleados o en el capó de un coche cuyo motor aún esté caliente.

Por otro lado, si alguna vez tu gato te despierta por la noche saltando sobre la cama o corriendo por el piso como un loco, no te asustes. No hay de qué preocuparse. Recuerda que los gatos son animales crepusculares: las presas que cazan salen al anochecer. En general, muchos gatos siguen el mismo ritmo que los humanos. Si el tuyo no lo hace, asegúrate de darle algo que hacer durante el día: tiempo de juego, acceso a ventanas donde pueda observar lo que ocurre fuera y mantenerse despierto...

Antes de iros a la cama, pasa un rato jugando con él, estimulando su instinto de caza con un puntero láser (nunca le apuntes a los ojos, ya que podrías dañarle la retina), una pelota o una pluma. Después, dale una buena ración de comida (sin aumentar la cantidad diaria que necesita). Así descansará bien por la noche.

¿SABÍAS QUE...?

Los cambios en los patrones de sueño de tu gato deberían alertarte. Un gato que duerme más de lo habitual podría indicar enfermedad metabólica, cáncer, infección, depresión, o puede deberse a la edad.

Sin embargo, algunos gatos mayores tienden a dormir menos o a tener un sueño muy alterado; entonces sufren una disfunción cognitiva, el equivalente a la enfermedad de Alzheimer en humanos.

El hipertiroidismo en los gatos provoca hiperactividad asociada a una disminución del tiempo de reposo.

Un gato que sufra de ansiedad también puede tener problemas para dormir.

¿POR QUÉ RONRONEA?

En cuanto tu gato se te sienta en el regazo y lo acaricias en la cabeza, ¡la máquina de ronronear se pone en marcha! El ronroneo es un sonido característico de los gatos, pero lo producen todos los felinos.

Hace trabajar el diafragma, los músculos laríngeos y la glotis, para crear, por inhalación y exhalación de aire, vibraciones con una frecuencia comprendida entre los 25 y los 150 hercios.

Los cachorros empiezan a ronronear a partir de la semana de edad, cuando están mamando o en una situación de bienestar.

Un gato adulto ronronea en muchas circunstancias: cuando está cómodamente sobre ti, cuando quiere jugar con otro gato de la casa, cuando está descansando en un lugar cálido y acogedor, cuando pide comida o cuando come algo que le gusta especialmente, cuando llegas a casa y se te frota contra las piernas...

Si tu gato lleva una vida rica y equilibrada que respeta las necesidades de su especie, lo más probable es que lo oigas ronronear con frecuencia. Y, como está demostrado que el ronroneo tiene un efecto positivo en los humanos, tú también te beneficiarás de ello.

Por ello, el ronroneo está estrechamente relacionado con el bienestar, el apaciguamiento, la felicidad y la satisfacción.

Sin embargo, algunos estudios demuestran que hay otras situaciones en las que los gatos ronronean: cuando sienten dolor o estrés, pues este comportamiento libera endorfinas, que tienen una función analgésica natural. Las vibraciones tendrían entonces un efecto beneficioso sobre la regeneración de los tejidos y permitirían al organismo luchar contra un proceso inflamatorio. Además, un gato herido, enfermo, estresado por estar en el veterinario o incluso moribundo puede ronronear; entonces busca calmarse, tranquilizarse y reducir el dolor.

No te preocupes, porque es sencillo distinguir entre un ronroneo positivo y otro asociado al dolor. Ten en cuenta que el contexto también te ayudará a discernir.

¿SABÍAS QUE...?

A veces, cuando tu gato está cómodamente sentado en tu regazo o en su cesta, observarás que amasa con sus patas delanteras. Este comportamiento, que resulta muy conmovedor, es un vestigio de sus primeras semanas de vida, durante las cuales amasaba la teta de su madre para estimular la producción de leche. En la edad adulta, la persistencia de este comportamiento podría interpretarse como una búsqueda de apaciguamiento, pero también como una forma de depositar feromonas y marcar su territorio gracias a las glándulas sebáceas y sudoríparas que tiene entre las almohadillas.

Asimismo, puede ser un signo de destete demasiado precoz, que puede o no ir acompañado de un reflejo de succión.

No hay ninguna razón para tratar de anular este simpático comportamiento.

¿SON PELIGROSOS LOS BALCONES Y LAS VENTANAS?

Los gatos son conocidos por ser muy ágiles y caer siempre de pie. Esta compleja y asombrosa característica se denomina «reflejo de enderezamiento», que es innato e instintivo, y les permite evitar lesiones.

Cuando se cae, el aparato vestibular del oído interno, los ojos y las vibrisas del gato envían un mensaje al cerebro que le permite visualizar el cuerpo en el vacío y su distancia del suelo. A continuación, el cerebro desencadena automáticamente el movimiento de reposicionamiento.

Este reflejo se basa en características anatómicas específicas del gato: una columna vertebral muy flexible, clavículas diminutas que no son rígidas y una cola que actúa como un péndulo. El gato gira sobre sí mismo enderezando primero la parte delantera del cuerpo y luego la trasera. El pelaje frena la caída y, a medida que el gato se acerca al suelo, todo el cuerpo se relaja para que el impacto sea menos violento. Sin embargo, este reflejo de enderezamiento no es infalible, por lo que las ventanas y los balcones siempre constituirán un peligro para tu pequeño felino. Vigilar este aspecto es esencial.

Pero ¿cómo podría llegar a caerse por la ventana? Pues, por ejemplo, si la ventana se cierra de repente debido a una corriente de aire o si el animal pierde el equilibrio mientras persigue un pájaro o una mariposa.

La gravedad de la caída depende de varios factores: la superficie del suelo sobre la que cae y la altura de la caída. Sorprendentemente, las estadísticas han demostrado que los gatos que han caído desde un piso alto (hasta un quinto piso) tienen mejor pronóstico que si caen desde una menor altura. Este fenómeno tiene dos explicaciones. En primer lugar, para que el reflejo de enderezamiento sea eficaz, el gato debe tener el tiempo necesario para darse la vuelta, y una caída desde un primer piso es más breve que desde un cuarto. En segundo lugar, la ansiedad asociada a una caída desde un piso alto suele ser mayor y es más probable que los propietarios acudan rápidamente al veterinario.

Si tu gato se ha caído por el balcón o la ventana, y aunque no presente signos alarmantes (cojera, hemorragia, dificultad respiratoria), ve a que lo examine urgentemente un veterinario. A las pocas horas puede entrar en estado de shock y la caída puede haberle causado graves daños en los órganos internos que no puedes detectar, pero que amenazan su pronóstico vital (neumotórax, rotura de vejiga, hernia diafragmática, hemorragia interna, etcétera).

Si vives en un piso, no dejes nunca las ventanas abiertas sin vigilar a tu mascota y pon mosquiteras en el balcón y en las ventanas si estas no las tienen, para así poder abrirlas a tu antojo y sin peligro para tu gato. Ten cuidado también con las ventanas oscilobatientes: al intentar pasar por ellas, tu gato puede quedarse atascado y arriesgarse a sufrir lesiones graves al forcejear.

¿SABÍAS QUE...?

En la jerga veterinaria, a los gatos que caen desde un balcón o una ventana se les llama gatos paracaidistas.

La primavera es el momento más propicio para la caída. Los gatos que no salen sienten más la necesidad de salir al exterior, sobre todo si no están esterilizados (es el comienzo de la época de cría). No caigas en la tentación de abrir las ventanas de par en par con los primeros rayos de sol sin vigilar a tu gato.

¿CUÁLES SON LOS PELIGROS DEL INVIERNO?

Cuando las temperaturas empiezan a bajar, tu gato sigue saliendo al exterior. Sin embargo, a pesar de su espeso pelaje, es sensible al frío, aunque su impulso instintivo de salir al exterior siga siendo fuerte. Para que tu gato pueda seguir disfrutando de sus escapadas sin riesgos, se hace necesario tomar algunas precauciones.

En primer lugar, asegúrate de que siempre pueda entrar en casa o en el garaje para resguardarse del frío, incluso por la noche o cuando no estés en casa. Un gato que no consigue mantenerse caliente puede sufrir hipotermia rápidamente.

Por otra parte, seguro que te has dado cuenta de lo mucho que le gusta a tu pequeño felino descansar al calor de la casa: encima del radiador, bajo el edredón o incluso donde da el sol... ¡En invierno lo necesitará aún más! No dudes en comprarle una cesta en forma de iglú, donde pueda refugiarse, y colócala lejos de las corrientes de aire.

Cuidado al entrar en el coche: tu gato (o un gato callejero) puede haberse acurrucado debajo o incluso bajo el capó para disfrutar del calor del motor después de haber aparcado. Toca el claxon antes de arrancar.

Si utilizas anticongelante para tu vehículo, ten cuidado, ya que puede ser un auténtico veneno para las mascotas. Guarda la garrafa en un armario cerrado.

Si nieva, extrema las precauciones y limita las salidas de tu gato. La nieve puede irritarle las patas y almohadillas, al igual que la sal utilizada en las calles y carreteras. Cuando tu gato vuelva de un paseo, no dudes en pasarle un paño húmedo y caliente entre las almohadillas de las patas, antes de que se acicale, para eliminar la sal y los pequeños cristales de hielo que puedan habérsele quedado.

A medida que se acercan las fiestas, es posible que montes en casa el árbol de Navidad. Tu gato puede verlo como un nuevo juguete: asegúrate de que sea estable y no se caiga si se sube, pero también de que no tenga la tentación de ingerir pequeños adornos y arriesgarse a una obstrucción intestinal.

UN CONSEJO

Si tu gato vive dentro de casa, puedes mejorar el confort de los dormitorios en invierno. Necesitará encontrar lugares cálidos y acogedores para dormir. Apreciará una pequeña bolsa de agua caliente, por ejemplo, envuelta en un paño para evitar que se queme. Si bajas la calefacción por la noche o mientras estás fuera, asegúrate de que tu gato no sufre y recuerda que los gatos mayores con artrosis son muy sensibles al frío y a los cambios de temperatura.

CÓMO AFRONTAR LA MUERTE DE MI GATO

La muerte de un ser tan cercano como tu mascota supone siempre un mal trago. Tanto si la muerte es repentina (accidente de coche) como si es resultado de una larga enfermedad (cáncer o insuficiencia renal crónica), tu gato se ha ido y probablemente sea aún más difícil si tuviste que tomar la decisión de sacrificarlo para poner fin a su sufrimiento.

En primer lugar, si puedes, tómate un día libre para reponerte del shock. Porque este acontecimiento no es insignificante. No puedes fingir que la pérdida de tu gato no incide nada en tu vida, pues cambia por completo el día a día; es una presencia que se echa mucho de menos y que deja un gran vacío.

El duelo por una mascota sigue el mismo proceso de cinco fases que el duelo por la pérdida de una persona querida. La primera fase es la negación, durante la cual es normal negar la muerte del animal. Luego viene la rabia mezclada con un sentimiento de injusticia: no entendemos por qué lo atropelló un coche, por qué el veterinario no pudo salvarlo. Buscamos a alguien a quien culpar. Y, poco a poco, nos encontramos asumiendo la culpa. Es la tercera fase: sientes que has fallado en tus deberes, que no has dedicado suficiente tiempo y cuidados a tu querido compañero. La cuarta fase, la del duelo, nos invade entonces lentamente. Vamos teniendo cada vez menos apoyo de los seres que nos rodean, pero no desaparece la tristeza y el llanto. Por último, el proceso de duelo termina cuando uno acepta la muerte de su mascota y empieza a pensar con agrado en todas las cosas buenas que vivió con ella: reconoce que la muerte forma parte del ciclo de la vida. Dependiendo de cada persona, el tiempo de duelo será más o menos largo, pero es de esperar que pase por estas diferentes etapas.

Para avanzar más rápidamente, tendrás que guardar las cosas de tu gato. No hace falta que las tires: ponlas en una caja cerrada, que puedes dejar en el sótano, por ejemplo. Rodéate de tu familia y amigos, no te quedes solo. Si tienes hijos, es importante protegerlos de la conmoción, pero no debes ocultarles la muerte de su compañero favorito. No les digas que el gato se ha escapado, pues se sentirán abandonados. Utiliza las palabras adecuadas y dales la oportunidad de asimilar la pérdida del animal. Por ejemplo, si has optado por incinerarlo, puedes recoger las cenizas y celebrar una pequeña ceremonia en el jardín para acompañar al animal en su último viaje.

También hay cementerios para animales domésticos y el entierro en el propio jardín está sujeto a normas (consultad las normas propias en cada caso según el país de residencia).

Una vez pasadas la conmoción y la pena, surgirá la cuestión de si acoger o no a un nuevo animal.

Algunas personas prefieren no volver a sufrir otra pérdida y deciden no volver a hacerlo. Esta es una decisión que puede cambiar con el tiempo. Con todo, hacerse con un gato justo después de la muerte del anterior no es la mejor opción, pues no estarás en condiciones de proporcionarle a tu nuevo compañero toda la serenidad y el afecto que necesite.

Es mejor esperar hasta que el proceso de duelo esté bien avanzado y tu casa vuelva a ser un lugar acogedor.

¿SABÍAS QUE...?

Si tienes otras mascotas en casa, la desaparición no deja de tener consecuencias en los que se quedan. Es posible que no entiendan su ausencia y que se sientan desorientados por tu dolor: puede que no juegues con ellos, no les des mimos o no respetes sus horarios de comida, por ejemplo. Los animales sentirán la tristeza que se ha instalado en la casa y pueden incluso desarrollar una depresión como reacción. Así que presta atención a todas las señales de alarma, por pequeñas que puedan ser: apetito, aseo, limpieza, entusiasmo...

Si estos síntomas perduran o son demasiado graves, tu veterinario podrá ayudarles con un tratamiento adecuado.

Tercera parte
EDUCAR A TU GATO

¿CÓMO SE COMUNICAN LOS GATOS ENTRE SÍ?

Los gatos son animales bastante discretos y tranquilos. Sin embargo, bajo esta aparente reserva se esconden excelentes comunicadores que utilizan una amplia gama de comportamientos para interactuar con sus congéneres, ya sea fuera o dentro de casa.

La forma más obvia de comunicarse con nosotros son, por supuesto, las vocalizaciones, pero esto no es exclusivo de los felinos. Los cachorros maúllan cuando quieren la atención de su madre, cuando tienen hambre o cuando quieren jugar con sus hermanos; los maullidos tienden a desaparecer en los gatos adultos en libertad. Para tu gato doméstico, sin embargo, supone una adaptación que resulta de vivir con un ser humano. Se dice que el repertorio de maullidos del gato adulto comprende dieciséis formas diferentes. Cada tono tiene su propio significado: repudio, llamada de atención, gruñido, bufido... Basta con haber oído una noche una pelea entre dos gatos del vecindario para conocer la amplitud de su repertorio.

El gato también expresa sus intenciones y su estado emocional a través del lenguaje corporal. La posición de las orejas, la dilatación de las pupilas y los movimientos de la cola forman parte de este lenguaje. Puedes aprender a descifrarlo para entender mejor a tu gato: las orejas hacia atrás significan que tiene miedo o está ansioso; si se mueve con la cola erguida pero flexible, está confiado; si esta se arquea mucho, significa que está dispuesto a interactuar contigo o con sus congéneres.

Por último, los gatos se comunican entre sí mediante el marcado, que adopta distintas formas. Al arañar, el gato suple una de sus necesidades, pero sobre todo deja un mensaje visual y olfativo (a través de las secreciones de las glándulas situadas entre las almohadillas). Así es como los felinos suelen marcar su lugar de descanso. Si otro gato pasa cerca y se da cuenta de los arañazos en el tronco de un árbol, cambiará de objetivo si quiere evitar un conflicto.

El marcado con orina también lo utilizan los gatos para identificar su territorio, al tiempo que tiene un significado sexual para sus congéneres no castrados. Este comportamiento está asociado a una postura corporal muy específica: el gato se vuelve de espaldas al soporte vertical, mueve la cola erecta y expulsa un chorro de orina. Si otros gatos lo ven desde lejos, pueden acercarse y olisquear la orina depositada para saber más sobre el animal. Es como si acabara de dejar su marca de identidad en la pared.

Las feromonas también son un gran medio de comunicación. Son compuestos químicos volátiles, segregados por glándulas situadas en distintas partes del cuerpo (mejillas, barbilla, pecho, regiones urogenital y perianal), que también se encuentran en la orina. Estos olores son imperceptibles para los humanos, pero permiten transmitir diversos mensajes a otros gatos: hay feromonas territoriales, de apaciguamiento, de alerta y sexuales. El gato las deposita frotándose contra distintos soportes: una pared, una rama, una puerta, contigo... Señala así su presencia, su territorio y su estado emocional.

¿SABÍAS QUE...?

Haría falta un manual entero para descifrar el significado de todos los comportamientos de los gatos. Pero, si prestas más atención, podrás entender mejor su estado de ánimo y emociones, lo que no hará sino favorecer tu relación con él.

¿CÓMO VE MI GATO?

Se dice que los gatos ven de noche. Pero ¿qué hay de cierto en ello?

El ojo del gato es diferente del ojo humano e incluso del ojo del perro. La retina de nuestro ojo está recubierta de fotorreceptores, llamados conos y bastones. En los gatos, hay muchos más bastones que en los humanos; estas células tienen la capacidad de absorber mínimas fuentes de luz y enviar una señal al cerebro. Así, gracias a estos múltiples bastones, los gatos tienen una increíble visión nocturna.

También habrás observado que, cuando baja el nivel de luz, su pupila se abre, a veces hasta el punto de que ocupa casi todo el iris. Esta apertura máxima de la pupila es una adaptación anatómica para captar el máximo de luz en un entorno oscuro. Pero, cuidado, si está completamente oscuro, sin ninguna fuente de luz, el gato no verá nada.

Se calcula que el gato tiene una visión nocturna entre seis y ocho veces mejor que la nuestra. Esta capacidad les permite cazar con éxito de noche, sobre todo porque son muy buenos detectando el más mínimo movimiento.

Pero, por otro lado, al tener menos conos en la retina, la visión diurna del gato no es tan buena. El gato solo te verá claramente si estás entre diez centímetros y unos metros de distancia de él. Más cerca, ven borroso. Pero compensan su mala visión de cerca con los bigotes. Además, parece que los gatos ven en tonos pastel, con predominio del azul y el amarillo, y distinguen menos los tonos rojos y verdes.

Gracias a la posición de sus ojos, su campo de visión es ligeramente mayor que el nuestro (doscientos grados, frente a los ciento ochenta de los humanos), pero menor que el de un perro (que ve a doscientos cincuenta grados). Esto significa que el gato no puede ver lo que ocurre detrás de él, lo que puede darle alguna sorpresa desagradable que otra.

¿SABÍAS QUE...?

Los gatos que envejecen pierden agudeza visual, lo que por otro lado puede ser un signo precoz de ciertas enfermedades. Durante un examen oftalmológico, tu veterinario puede encontrar indicios de catarata (que puede estar relacionada con la diabetes) o pequeñas hemorragias en la parte posterior del ojo: los vasos de la retina son extremadamente finos y los primeros en dañarse en caso de hipertensión.

¿POR QUÉ LE GUSTA ESTAR EN LUGARES ELEVADOS?

Te habrás dado cuenta de que tu gato pasa mucho tiempo encaramado encima de la nevera, en el último estante de la biblioteca o en la rama de un manzano del jardín. No te preocupes, es un comportamiento perfectamente normal, ya que se trata de una necesidad básica.

No olvides que el gato tiene un estatus especial en la cadena alimentaria: aunque es un depredador, al ser pequeño puede convertirse fácilmente en presa de otros animales más grandes. Por eso, estar en lo alto le permite dormir tranquilamente, fuera de posibles peligros, al tiempo que tiene una posición privilegiada y discreta para vigilar la presencia de un roedor o un pájaro.

Si tienes niños o un perro, esta es una buena forma de permanecer fuera del alcance de estos alborotadores. Enséñales a tus hijos a no molestarlo cuando esté tranquilo.

Si tienes más de un gato en casa, te habrás dado cuenta de que cada uno ocupa un lugar elevado diferente y no lo comparte. Si hay alguna tensión entre ellos, el de mayor estatus suele ocupar el lugar más alto, para poder vigilar las idas y venidas de los demás y hacer valer su posición dominante.

La última estantería de la biblioteca parece mucho menos cómoda que el sofá del salón y, sin embargo, puede que a tu gato le encante descansar allí. Pero debes saber que, como es el único que puede alcanzarla, se encarga de dejar allí sus olores y feromonas (como hace cuando se frota contra tus piernas o el borde del sofá), que no se mezclan con ningún otro olor. Esto lo convierte en un lugar muy relajante para él, seguramente más que el sofá en el que ha habido gente sentada.

Si tu gato es mayor y ha perdido agilidad, piensa en diseñarle una pequeña instalación que le ayude a llegar al lugar donde siempre le ha gustado descansar.

UN CONSEJO

No dudes en invertir en una estructura para gatos. Hay una gran variedad, así que elige una con plataformas curvas en lugar de planas. Esto le permitirá a tu gato tumbarse más cómodamente, con la espalda apoyada, lo que le dará una mayor sensación de seguridad. Colócala donde suela pasar más tiempo.

¿ES MI GATO REALMENTE UN SOLITARIO?

Se suele decir que el gato es un animal solitario e independiente. Comparado con el perro (aunque siempre es arriesgado comparar dos especies diferentes), que necesita a su amo para sentirse seguro, el gato no tiene la misma relación de dependencia. El gato es más capaz de afrontar una situación inusual, pero sigue siendo bastante frustrante llamarlo y que no se digne responder a su nombre. Un estudio reciente ha demostrado que los gatos no muestran ansiedad en ausencia de sus dueños.

Por otra parte, cada vez está más aceptado que los gatos son sociables. En efecto, aunque en estado salvaje el gato no viva en manada como el perro, los felinos tienden a agruparse fácilmente y a relacionarse entre sí si los recursos alimentarios son abundantes. Se comunican, comparten su territorio en parte e incluso algunas actividades: se acicalan mutuamente e incluso duermen juntos.

¿Qué podemos aprender de estos dos aspectos aparentemente contradictorios?

Aunque tu gato no se sienta dependiente de ti, se encariñará y acostumbrará a tu presencia. El apego es más evidente cuando se acurruca contigo y te pide mimos. En ese momento le aportas paz y bienestar. A menudo es él quien inicia los mimos, lo que subraya la independencia de la que hablamos.

Tu gato también apreciará compartir tiempos de juego: siempre es más estimulante que perseguir su juguete en solitario. No pienses, por tanto, que un gato necesita poca atención y que se le puede dejar a su aire. Esto puede hacer que se frustre. Si tiene acceso al exterior, es muy posible que opte por un entorno más gratificante.

A modo de conclusión, ante la pregunta de si tu gato es un ser solitario, podríamos decir que sí, pero solo cuando él así lo decide.

UN CONSEJO

Por muy solo que esté un gato, no le gusta aburrirse. Necesita entretenerse. Proporciónale algunos pequeños juegos: bolas de papel, un rascador, una pelota pequeña atada a una cuerda, etcétera, para que se estimule en tu ausencia.

¿POR QUÉ ME TRAE SU PRESA A CASA?

Compartir la vida con un gato significa compartirla con un cazador. La depredación es uno de los instintos naturales que conserva, aunque ya no lo necesite para alimentarse. Este comportamiento innato se produce a una edad temprana: los cachorros que juegan entre sí desarrollan las habilidades para ser buenos cazadores. También es posible que sus madres les lleven pequeñas presas medio aturdidas para que se entrenen con ellas. Un aprendizaje similar se observa en los grandes felinos en libertad.

Si tu gato tiene acceso al exterior, pasará buena parte del tiempo cazando. Se comerá o abandonará algunas de sus presas, pero también puede haber desarrollado el hábito de traer a casa ratones, musarañas o pequeños pájaros. Esto no siempre es agradable.

¿Por qué lo hace? Hay varias explicaciones posibles.

Para algunos gatos, es una forma de poner sus frutos de la caza en un lugar seguro para podérselos comer más tarde, lejos de otros depredadores. También es posible que tu gato haya tenido la firme intención de comerse a su presa en casa, pero que el cuenco de pienso o el cómodo sofá le hayan quitado el interés por el pequeño roedor.

En la naturaleza, los gatos salvajes también llevan presas para compartirlas con sus crías. Tu gato hace lo mismo contigo: el mirlo muerto en tu felpudo es una ofrenda, un trofeo. Solo tienes que ver la emoción que muestra ante esto para comprender que está orgulloso de sí mismo, orgulloso de compartirlo contigo, por lo que no entenderá la reacción de horror que puedas mostrar.

A veces, la víctima aún se mueve e intenta escapar. Aunque esto pueda parecerte cruel, tu gato te está ofreciendo la oportunidad de desarrollar tus habilidades de caza de esta forma, al igual que hace una gata con sus crías. No puedes evitar que tu gato sea un depredador, es un instinto demasiado arraigado. Regañarle no hace más que frustrarlo o crear una brecha entre vosotros. En lugar de eso, anímalo a dejar sus presas fuera de casa: finge alegría y entusiasmo cuando deje caer un ratón muerto a tus pies y sácalo a la terraza. Así podrás deshacerte de él sin que te vea. Si lo repites, tenderá a llevárselo directamente a donde le hayas mostrado.

Para reducir su instinto cazador, asegúrate de alimentarlo adecuadamente y proporcionarle juegos y actividades que le diviertan. Y no olvides desparasitarlo, ya que los roedores son vectores de estos pequeños seres indeseados.

¿SABÍAS QUE...?

Nuestros gatos domésticos pueden diezmar las poblaciones de aves de jardín. Cuélgale un pequeño cascabel en el collar para advertir a los pájaros de la presencia de un depredador. Y, si alimentas a carboneros y petirrojos en tu jardín, asegúrate de que los comederos estén fuera de su alcance.

¿PUEDO ADIESTRARLO?

Has elegido adoptar un gato y no un perro. Querías un animal un poco más discreto, sin las obligaciones de los paseos diarios, a sabiendas de su independencia. Como se suele decir: «Uno no vive con su gato; su gato vive con él». En este sentido, seguro que has oído decir a menudo que a un gato no se le puede adiestrar.

Sin embargo, aunque el adiestramiento sea muy complicado, sigue siendo necesario enseñarle ciertas normas y prohibiciones. La educación de un gato se basa en el refuerzo positivo: cuando un comportamiento deseado se realiza correctamente, se le debe recompensar con una golosina que le guste especialmente. Es importante que se trate de algo a lo que tu gato tenga poco o ningún acceso en el día a día y que lo reserves específicamente para las sesiones de adiestramiento. Además de esta recompensa, puedes utilizar el método de «adiestramiento con *clicker*», muy popular con los perros, pero igual de eficaz con los gatos. El *clicker* es una cajita de plástico de muy reducido tamaño con una fina placa metálica que emite un sonido característico, un clic, cuando se pulsa. El adiestrador utiliza el clic en el momento preciso en que el gato ha realizado el comportamiento deseado y luego le ofrece una recompensa; de este modo fija la acción correcta con inmediatez, de manera muy eficaz. El gato asociará rápidamente el clic con la recompensa y, con el tiempo, el *clicker* por sí solo tendrá el siguiente significado: «Eso está bien, ese es el comportamiento que espero de ti».

No conseguirás convertir a tu gato en un animal de circo, pero unas cuantas normas sencillas pueden ayudarte. Por ejemplo, enséñale a ir a su zona de dormir cuando se lo ordenes. Toma su cesta y colócala delante de ti. En cuanto tu pequeño felino entre en contacto con su cesta (la huela, ponga una pata encima, entre en ella...), haz clic y dale su recompensa. Repite esta pequeña sesión durante varios días, pero, a medida que avances, solo haz clic y dale la recompensa cuando se haya sentado o tumbado en la cesta. A continuación, puedes asociar una orden vocal, por ejemplo, «cesta». Por supuesto, esto requerirá tiempo, paciencia y constancia, pero tu gato estará deseando recibir su golosina y pronto establecerá la conexión.

No alargues las sesiones de aprendizaje: tu gato será un buen alumno durante cinco o diez minutos, rara vez más. Mantén una actitud positiva en lugar de presionar en exceso.

También tendrás que enseñarle que ciertos lugares están prohibidos, sabiendo que este animal trepador se mete en cualquier sitio. Puede resultar simpático ver a tu gatito intentando trepar por todo con torpeza, pero, más tarde, cuando se suba a la encimera de la cocina o a una mesa con el mantel puesto, no lo es tanto. Normalmente, en un primer momento nos tienta agarrar al gato, dejarlo en el suelo y decirle que no se suba ahí. Pero, paradójicamente, así le estás mostrando atención, lo que podría gustarle. Otra reacción habitual es reñirle, gritarle, asustarlo o tirarle un trapo para que baje; por supuesto, no se quedará allí, pero lo asustarás y tu presencia le podría llegar a resultar angustiosa. En cambio, en tu ausencia, nada le impedirá volver a subirse a la mesa.

El único método eficaz es hacer que los lugares a los que no quieres que acceda le resulten desagradables. ¿Cómo? Cubre la mesa de la cocina con papel de aluminio o una manta de supervivencia, pues los gatos odian este material. Coloca latas de metal vacías sobre la encimera de la cocina: se enfrentará a objetos que tirará accidentalmente y que harán un ruido muy desagradable. Después de algunas experiencias bastante molestas, es poco probable que quiera volver a aventurarse en estos lugares. Y, en su mente, tú no has tenido nada que ver, así que la confianza no se verá dañada.

Por otra parte, trepar y acceder a sitios elevados es parte normal del comportamiento de un gato, así que no lo frustres y permítele posarse en otros lugares altos, como una estantería preparada solo para él o una estructura para gatos colocada en un buen lugar de la casa.

UN CONSEJO

El castigo no es nada eficaz con los gatos y debe evitarse a toda costa. Cualquier reacción violenta por tu parte le provocará estrés. Los problemas de comportamiento en los gatos se producen cuando su entorno y las personas que los rodean les provocan ansiedad. Por ello, busca siempre soluciones alternativas, reconduce sus malos comportamientos e intenta comprenderlos primero.

¿CÓMO ACOSTUMBRARLO AL TRANSPORTÍN?

El transportín (o el bolso) es un accesorio esencial para todo propietario de un gato. Con él, puedes llevarlo a cualquier parte, de vacaciones, al veterinario... Aunque no tengas que utilizarlo a menudo, lo mejor es que lo acostumbres a él desde el principio. Pocos animales se alegran de entrar en una jaula. Imagina el estrés que sentirá tu gato el día que lo agarres y lo obligues a entrar en una caja a la que no está acostumbrado, antes de meterlo en el coche y llevarlo al veterinario para que lo castre, por ejemplo. Puedes estar seguro de que la próxima vez que vea esa misma caja desaparecerá a toda prisa y comenzará el juego del escondite.

Para evitarlo, el transportín debe ser una parte familiar del mundo de tu mascota. No lo coloques encima de un armario. En su lugar, déjalo abierto en una habitación de la casa a la que tu felino esté acostumbrado. Mete una manta para convertirlo en un lugar acogedor donde le guste esconderse y descansar. Tu gato dejará su olor y feromonas en él y asociará el objcto con un experiencia agradable, incluso tranquilizadora. También puedes ponerle pienso o alguna de sus golosinas para animarlo a entrar. El objetivo es crear asociaciones positivas con el objeto. No dudes en animarlo cuando entre en el transportín.

Evita cerrar la puerta de repente o por sorpresa y procede siempre por etapas; llévalo por la casa varias veces antes de hacer un primer intento en el coche, por ejemplo.

El tamaño del transportín debe adaptarse al de tu mascota. Tu gato debe poder darse la vuelta en él, pero no ha de ser demasiado grande, pues de lo contrario se sentirá inseguro y podría ser zarandeado durante el viaje en coche. Si es adulto y ya lo has llevado en varias ocasiones en su transportín, pero cada vez se repite el mismo calvario, solo queda una solución: comprar uno nuevo, que no asociará con un recuerdo negativo y, por tanto, estará desprovisto de todo rastro de estrés (las feromonas de alarma que tu gato habrá depositado en el interior las últimas veces). A continuación, comienza de nuevo el proceso de aprendizaje.

Existe una amplia gama de transportines o bolsas de transporte que suelen estar muy bien diseñados. Aunque son más pesados, los de plástico tienen la ventaja de ser rígidos y dejan más espacio a tu mascota que una bolsa textil más ligera. Elige uno fácil de abrir. Evita los de mimbre: son más bonitos, pero menos resistentes. Además, los gatos pueden engancharse fácilmente las uñas en ellas y pasar un rato muy desagradable.

¿CÓMO PREPARARLO PARA LA LLEGADA DE UN BEBÉ A CASA?

Imagina que tu hogar va a vivir pronto un acontecimiento feliz: la llegada de un bebé. Pero para tu gato este recién llegado es ante todo un extraño que va a ocupar su territorio, alterar sus costumbres, adueñarse de su vida, traer consigo nuevos olores, nuevos ruidos... En resumen, ¡todo un trastorno! Afortunadamente, si te anticipas, podrás evitar que el nacimiento se convierta en un torbellino en la vida de tu felino.

Supongamos que la habitación del bebé ya está llena de cosas nuevas. Unas semanas antes del nacimiento, haz que tu gato entre, para que pueda orientarse y marcar su territorio. También puedes utilizar un algodón que hayas frotado en la cara y los costados de tu gato y luego frotarlo en las patas de los distintos muebles para dejar feromonas calmantes. Sin embargo, por razones de higiene, debes prohibirle terminantemente el acceso a la cuna y capazo. A veces se ha oído hablar del riesgo de asfixia del bebé por el gato de la familia que se tumba sobre él. Se trata de un mito que nunca se ha comprobado. Pero sí que puede arañar involuntariamente al bebé o perturbarle el sueño... Forra el fondo de la cuna con papel de aluminio: si tu gato intenta instalarse allí, no lo considerará un lugar cómodo y no repetirá la experiencia.

No le des a tu gato atenciones extras antes de la llegada del bebé porque después tendrás menos tiempo para atenderlo. Corres el riesgo de agravar la sensación de desorientación que sentirá cuando llegue el bebé. Mantén sus hábitos en la medida de lo posible: horarios de comidas, momentos para jugar y acurrucaros juntos, pero no respondas a todas sus peticiones; enséñale a frustrarse un poco de antemano, para que no lo asocie con la presencia del bebé.

Para acostumbrar a tu felino a los nuevos ruidos y olores que conlleva esta llegada, puedes buscar sonidos de recién nacidos en internet y reproducirlos por toda la casa. También puedes frotarte regularmente las manos con loción para bebés. Estos consejos le ayudarán a familiarizarse con su nuevo entorno.

Cuando aún estén el bebé y la madre en el hospital, procura que alguien le lleve al gato un paño con olor al recién nacido.

Cuando vuelvas a casa, no fuerces el encuentro. Deja que tu gato se esconda si siente la necesidad de hacerlo. Y, en cuanto se acerque a ti y te vea con el bebé en brazos, anímalo, pero no lo sometas a ningún estrés. Preséntale primero los pies y las nalgas del bebé, ya que son las partes del cuerpo más olorosas. Por supuesto, nunca dejes solos a tu gato y al bebé; esto se aplica, por sentido común, a todos los animales.

Por último, lo más importante: no lo descuides por la llegada del bebé. Dedícale siempre la atención que se merece y no dudes en jugar con él, en acariciarle incluso cuando estés con tu recién nacido: cuantas más asociaciones agradables haya entre la presencia del recién llegado y tu comportamiento hacia él, más encantado estará tu gato de tener un nuevo compañero. Así, surgirá la magia de la amistad entre el gato y el niño.

UN CONSEJO

Si tu análisis en toxoplasmosis es negativo (lo que significa que no tienes anticuerpos para combatir la enfermedad), no hagas caso a quienes te aconsejan deshacerte del animal. Es más probable que contraigas la enfermedad por trabajar en el jardín o comer verduras crudas y sin lavar que a través del gato. La única precaución que hay que tomar es confiar la limpieza del arenero a otra persona. Es en las heces del gato donde pueden encontrarse los huevos del parásito, lo que es potencialmente más peligroso para el ser humano sin anticuerpos.

¿CÓMO LE ENSEÑO A USAR EL ARENERO?

Acabas de adoptar un gato. Sea cual sea su edad, tenga o no acceso al exterior, un objeto indispensable va a hacer su entrada en tu casa: el arenero.

Elige el tamaño adecuado para tu mascota. Para un cachorro, evita que tenga los bordes demasiado altos: debe poder ver el contenido y acceder a él sin esfuerzo. En cuanto al gato adulto, debe estar cómodo en su caja y poder darse la vuelta con facilidad. Aunque tenga mejor aspecto, no se recomienda una caja cubierta. Tu gato no se sentirá a gusto en ella y podría no hacer uso de la arena, pues en un espacio reducido, propicio para guardar olores, puede sentirse atrapado.

La arena aglomerante es muy práctica: absorbe los líquidos transformándose en pequeñas tortas compactas, fáciles de retirar sin tener que limpiarlo todo. También la hay sensible al pH de la orina, lo que es útil para los gatos propensos a las infecciones urinarias.

Dos veces al día, retira las partes sucias y añade arena nueva. No cambies de marca o tipo sin motivo: tu gato está muy poco acostumbrado a los cambios y no le gustan. Lava la caja cada quince días utilizando lejía diluida, cuyo olor resulta atractivo para los felinos.

Coloca el arenero en un lugar tranquilo, pues a tu gato no le gustará que lo molesten mientras hace uso de él. Sin embargo, el acceso no debe convertirse en una carrera de obstáculos, ya que podría provocar accidentes. Si tu casa es grande o tiene varias plantas, pon más recipientes. Del mismo modo, si tienes varios felinos, la norma es tener tantos areneros como gatos.

Si has acogido a un gato que siempre ha vivido en el exterior, no estará acostumbrado a usarlo. De ti depende hacer que lo use. Procura mezclar la arena con el tipo de tierra en el que el gato solía hacer sus necesidades fuera de casa y luego disminuye gradualmente su proporción.

Por último, si adoptas un gatito que no ha aprendido a hacer sus necesidades con su madre, te corresponde a ti cumplir esta función. Llévalo al arenero unas diez veces al día o en cuanto muestre ganas de hacer sus necesidades. Verás que olisquea y rasca el suelo. Haz con los dedos un pequeño agujero; esto lo animará a hacer lo mismo y puede desencadenar la micción. Enséñale también a tapar la caca, iniciando el gesto, de nuevo con los dedos. Evita sujetarle las patas para enseñárselo; esta acción podría estresarlo más que otra cosa y desencadenar una aversión al lugar.

¿SABÍAS QUE...?

Los gatos cubren sus necesidades con las patas delanteras. Se trata de un comportamiento normal e instintivo; el gato es un depredador, pero, al ser pequeño, también es una presa por naturaleza. Cubrir sus excrementos le permite enmascarar sus olores y eliminar las huellas de su paso.

¿POR QUÉ PUEDE ENSUCIARSE MI GATO?

Imagina que tienes un gato que siempre ha estado domestica-do, desde muy pequeño. Sin embargo, desde hace algún tiem-po, no utiliza su arenero (o menos) y ha decidido hacer sus nece-sidades en tu cama o en un armario. No sabes qué hacer. Este comportamiento te sorprende más aún porque se supone que los gatos son animales limpios. Sin embargo, debes saber que mu-chos gatos tienen un episodio así a lo largo de su vida. Queda por determinar la causa para encontrar una solución rápida.

Lo primero que debes hacer es asegurarte de que tu pequeño felino goza de buena salud. En efecto, puede haber una causa vinculada con su estado de salud: una infección urinaria o in-testinal, cálculos en la vejiga o una enfermedad que le haga be-ber y, por tanto, orinar más (insuficiencia renal, diabetes, etcé-tera).

Empieza por observar a tu mascota: ¿bebe más a menudo? ¿Hay sangre en la orina? ¿Hay otros síntomas asociados (vómi-tos, cansancio excesivo, falta de apetito)? Llévalo al veterina-rio y, si se descartan todas las causas fisiológicas, puedes sos-pechar que el malestar tiene una causa conductual.

Puede que tu gato simplemente se niegue a utilizar la arena porque no se limpia con la suficiente regularidad o porque has cambiado de marca. Para animarlo a volver a usar el arenero, límpialo con lejía: se trata de un olor especialmente atractivo para los pequeños felinos. Pero no uses lejía para limpiar la orina o las heces que haya fuera de la caja. En su lugar, utiliza vinagre blanco o agua con gas, pues ambos productos absorben los olores. Otra posible explicación es que tu gato haya experimentado un acontecimiento estresante mientras hacía sus necesidades: un ruido fuerte, de algún elemento del propio arenero o de un perro que lo haya asustado... En cualquier caso, el animal no tiene por qué enfrentarse de nuevo a la situación que le haya generado el estrés. No dudes en llevarle el arenero a un lugar tranquilo y, si es posible, adonde ha empezado a hacer sus necesidades.

Si tu gato ha decidido hacer sus necesidades en tu cama de manera habitual, tendrás que enfrentarse a este desafortunado comportamiento. Hay varias razones que lo pueden explicar. El edredón tiene una textura agradable y absorbe la orina, como la caja de arena. Está situado en alto, por lo que es seguro en caso de que tu gato sufra estrés. Por otra parte, la cama está llena de olores, que tu gato querrá mezclar con los suyos para tranquilizarse, pero también para comunicarse con tu pareja, por ejemplo, si el vínculo entre ambos no se ha consolidado.

¿Qué hacer en este caso? Obviamente, empieza por cerrar la puerta de la habitación. Si no es posible, compra una manta de supervivencia en una tienda de deportes y cubre la cama con ella. Se trata de un material que tu gato detestará y que puede animarlo a volver al arenero. Recuerda también que los gatos dividen su territorio en zonas diferenciadas que no se solapan: una zona de alimentación, una zona para sus necesidades, una zona de descanso y una zona de juego. Por tanto, estimúlalo jugando en la cama o dejándole golosinas. Así le dará al lugar un significado distinto.

No olvides que este tipo de comportamientos que se alejan de una correcta higiene es delicado: un gato estresado, o cuyos hábitos cambian (por una mudanza, la llegada de un bebé o de otro animal), puede adoptarlo fácilmente. A ti te corresponde identificar las razones del malestar de tu gato.

UN CONSEJO

No confundas un comportamiento antihigiénico con el marcado con orina. Este último suele ser propio de gatos no esterilizados y consiste en rociar orina sobre soportes verticales para marcar el territorio. La castración suele resolver el problema.

¿CÓMO PUEDO EVITAR QUE ARAÑE POR TODAS PARTES?

Un sofá estropeado, alfombras y cortinas rasgadas, paredes dañadas... ¡Los gatos pueden arañar en cualquier sitio! Mediante este comportamiento natural, marcan su territorio y advierten a otros gatos de su presencia, dejando rastros visuales, pero también olfativos: las glándulas sudoríparas que tienen entre las almohadillas segregan feromonas. Estas marcas delimitan también sus zonas de descanso. Observarás que tu pequeño felino suele arañar cuando se despierta: una buena forma de estirar y relajar los músculos. La finalidad de este comportamiento también es la de mantener sus uñas al día, al eliminar la capa exterior muerta y afilárselas.

Sin embargo, el gato elige dónde hacerlo según sus propios criterios, que a menudo son muy diferentes de lo que a ti te gustaría: reposabrazos del sofá, alfombra, patas de los muebles... Le gustan las superficies rugosas, verticales u horizontales, y situadas en su territorio.

No le impidas arañar, pues este gesto pertenece a su etograma (es decir, al conjunto de comportamientos característicos de su especie). Reñirle sería contraproducente: se estresaría, con el riesgo de agravar el problema. Haz más bien al contrario, es decir, anímalo a cambiar de lugar y de superficie.

Tanto si tienes un cachorro como un gato adulto, invierte en uno o varios postes rascadores, que puedes encontrar en tiendas de animales o en internet. Es imprescindible tener tantos como gatos haya en casa. Los hay de muy diferentes materiales: cartón, sisal o coco. Tu gato puede tener sus propias preferencias. Elige un tamaño que se adapte a él; piensa que el rascador debe ser lo bastante grande para que pueda estirarse correctamente. Si eliges un soporte vertical, comprueba la estabilidad para evitar cualquier riesgo de caída.

No lo pongas donde mejor te parezca (o el gato nunca irá allí), sino donde el animal lo necesite. No te equivocarás si lo colocas donde esté acostumbrado a rascar. Para hacerlo más atractivo, puedes frotar la parte inferior de las patas del gato con un algodón y transferir los olores al rascador o aplicar un producto comprado en el veterinario a base de feromonas sintéticas y hierba gatera. También puedes darle ejemplo frotándote tú mismo las uñas en él. Si tu gato tiene fijación por el sofá, aléjalo de él haciéndolo inadecuado e incómodo. Los líquidos repelentes rara vez funcionan. En su lugar, cubre la zona (temporalmente) con papel de aluminio. Los gatos detestan el contacto con este material y rápidamente perderá interés por el sofá.

Córtale las uñas con regularidad para reducir la necesidad de arañar. Como alternativa, existen pequeños capuchones de plástico que pueden utilizarse para cubrirle las uñas y que se fijan con adhesivo quirúrgico (pide consejo a tu veterinario). Son seguros y se caen al cabo de cuatro a seis semanas. De este modo, el gato podrá seguir expresando su comportamiento natural sin dañar los muebles. Sin embargo, estas fundas no son adecuadas para gatos que salen al exterior, pues estos necesitan las uñas para trepar por los árboles, por ejemplo, o para defenderse de otros gatos.

Aunque el hecho de que rasque no es un mal comportamiento, puede ser un signo de ansiedad cuando se hace en exceso.

Pregúntate por el entorno en que vive tu gato y qué puede estar causándole estrés.

¿SABÍAS QUE...?

La desungulación, u oniquectomía, es una operación quirúrgica que consiste en amputar la tercera falange del gato, privándole así de sus uñas. Afortunadamente, está prohibida en España por razones no médicas, ya que suponía una auténtica mutilación del animal.

MI GATO ES TÍMIDO: ¿CÓMO GESTIONARLO?

Cuando un gato está asustado, se esconde, se acobarda, se queda quieto, a veces con las orejas hacia atrás y las pupilas dilatadas, e incluso puede mostrar signos de agresividad (pelo erizado, bufidos). El miedo puede ser el resultado de un acontecimiento estresante, pero también una actitud casi permanente. En este caso, lo más probable es que tu gato pase la mayor parte del tiempo escondido, no coma en tu presencia, se escabulla en cuanto intentas acariciarlo... y tú te sientes impotente ante esta situación.

El miedo puede introducirse en la vida de un gato como consecuencia de una experiencia traumática o de cambios en el entorno: una mudanza, una nueva pareja o una nueva mascota en casa.

Pero también puede darse el hecho de que un gato (joven o adulto) se muestre miedoso desde que lo tienes. Muy a menudo lo es porque no ha socializado adecuadamente. Esto es bastante común con los gatos de campo, cuando las hembras dan a luz, por ejemplo, en un establo, a escondidas de todos. Hay un periodo llamado crítico (entre las dos y las ocho semanas de edad) que determina la futura tolerancia del animal al ruido y a la interacción con los demás. Si tu gato ha pasado las primeras semanas de vida sin contacto con humanos y sin recibir caricias, no se sentirá seguro contigo.

En todos los casos, la actitud que se debe adoptar es similar. Como verás, no basta con tocarlo y acariciarlo para darle el consuelo que necesita y esperar que simplemente esto le ayude a estar mejor.

Tendrás que armarte de paciencia para (re)domesticar a tu felino y hacer que se sienta seguro en casa:

- Empieza por facilitarle más lugares donde pueda esconderse. Hazte con cajas de cartón y colócalas en todas las habitaciones para que no tenga que correr a esconderse debajo de la cama.
- Dispón de uno o dos lugares altos donde pase más tiempo: a los gatos les encanta subir a ellos. Cuando esté escondido o encaramado, respeta la tranquilidad del gato.
- Coloca sus cuencos, su arenero y un cojín en un lugar tranquilo, fuera de la vista, para que no tenga que esperar a que te hayas ido o a mitad de la noche para alimentarse.
- Deja pequeños juguetes por toda la casa para que exprese su instinto cazador y se desahogue.

Todo esto hará que la casa sea más interesante y agradable para él, por lo que se sentirá mejor. A continuación, puedes intentar acercarte a él con calma, pero dale a elegir: déjalo ir si siente la necesidad de huir. Por otro lado, si es glotón, anímalo a acercarse a ti con pequeñas golosinas.

También puedes comprar en el veterinario un producto de feromonas faciales felinas para ayudar a fomentar la confianza. Están disponibles en forma de difusor o espray que puedes aplicarte en las manos y en la ropa.

Evita cualquier situación que pueda provocar en él un miedo crónico: la presencia de niños demasiado agitados, música alta, sorprenderlo mientras duerme...

Si, a pesar de estos consejos y precauciones, tu pequeño felino sigue mostrándose temeroso o incluso con ansiedad, no dudes en consultar con tu veterinario. Él podrá recetarle un tratamiento natural para reducir su estrés. Existe, por ejemplo, un medicamento derivado de la leche materna que tiene propiedades ansiolíticas.

También debes ser consciente de que a veces el entorno que ofrecemos a nuestra mascota no es el más adecuado para su estilo de vida y su comodidad. En este caso, puede valer la pena que te plantees confiarle tu mascota a un amigo o familiar para ver si sus miedos se disipan.

UN CONSEJO

Para que tu gato se sienta en confianza, ponte a su altura. Eres un ser alto y esto puede impresionarle. Siéntate en el suelo o túmbate en una cama y obsérvalo.

¿POR QUÉ MAÚLLA
TODO EL TIEMPO?

El maullido es una de las formas de comunicación que tienen los gatos entre sí, pero también contigo. Los gatos domésticos se han adaptado para evolucionar junto a nosotros, ya que han desarrollado una gama de maullidos mucho más amplia que los gatos salvajes. Existen cerca de veinte formas diferentes.

Los gatos han aprendido incluso a emitir un sonido muy parecido al de los bebés cuando lloran, para así llamar más nuestra atención.

Algunos gatos varían más en sus maullidos que otros; es una cuestión de cada ser, pero también de raza, y los siameses y los bengalíes tienen fama de grandes maulladores.

En el día a día, tu gato puede maullar para mostrar su satisfacción o su disgusto, para reclamar tu atención o algo que desea. Aunque este comportamiento puede facilitar vuestra relación, al darle la sensación de que lo comprendes y de que puedes responder a sus peticiones, puede que el animal abuse y recurra a él en cuanto sienta la más mínima frustración: si tiene hambre, quiere salir, espera que le des cariño o le muestres interés... Todas estas peticiones pueden llegar a ser imposibles de gestionar. Sin querer, al responder a sus peticiones iniciales, estás reforzando este tipo de actitud. Tu gato podrá insistir y aumentar la intensidad de sus maullidos hasta que cedas.

Ten también en cuenta que tu gato invierte la relación de autoridad esperada con una mascota: maúlla y tú buscas satisfacer su demanda.

Para romper este círculo vicioso, hay que ser paciente y constante. En cuanto tu gato vuelva a maullar pidiendo algo, no respondas a su petición e ignóralo (el simple hecho de mirarlo o decirle «no» es prestarle atención y reforzar su comportamiento). Por el contrario, en cuanto deje de hacerlo, recompénsale inmediatamente con una pequeña golosina que le encante (tú decides cuál). Se sorprenderá al ver que, sin que él te lo pida, recibe algo positivo. A medida que avances en el proceso, espera a que se haya callado durante varios minutos antes de recompensarle. También puedes utilizar el adiestramiento con *clicker* para reforzar su nueva reacción. Pero, sobre todo, no cedas, ni una sola vez: esto solo confirmaría su actitud indeseable.

Si acabas de adoptar un gatito, asegúrate de no responder a sus peticiones todo el tiempo.

UN CONSEJO

Si tu gato era bastante tranquilo y empieza a maullar de forma anormal, puede haber razones de salud o de comportamiento subyacentes: aburrimiento, estrés debido a un cambio en el entorno, dolor (artritis o dificultad para orinar), problemas de tiroides... Un gato que se hace mayor tiende a maullar más a menudo. Es un signo de senilidad o de un síndrome similar a la enfermedad de Alzheimer en humanos, llamado disfunción cognitiva, y se da en el gato de edad avanzada. Presta atención, porque en este caso es necesario consultar al veterinario.

¿POR QUÉ MUERDE?

Imagina la siguiente situación. Tu gato se sube a tu regazo para que lo acaricies y a los dos minutos, sin previo aviso, se da la vuelta, te muerde y sale corriendo. Es lo que se conoce como «síndrome de acariciar y morder». Es muy molesto y te hace andar con precaución con él. Quienes te rodean pueden llegar a decir que tienes un gato en el que no se puede confiar.

Si este comportamiento es inusual, ten en cuenta que tu mascota puede estar sufriendo y que las caricias pueden estar haciéndole algún tipo de daño; no dudes en ir al veterinario para asegurarte de que, por ejemplo, no tiene artrosis.

También debes considerar que los gatos son de manera natural más sensibles al tacto que nosotros. Las caricias con demasiada presión, los cepillados o las palmaditas que de manera habitual se le dan a un perro no las toleran tan bien los gatos.

Pero el síndrome de acariciar y morder suele producirse cuando se malinterpretan las intenciones del gato. Que se suba a tu regazo no significa necesariamente que busque caricias. Puede que simplemente necesite contacto contigo, un lugar cálido, cómodo y elevado donde se sienta seguro. Puede que tolere las caricias durante unos instantes, pero acabará con ellas a su manera. A veces, si quiere jugar y se siente frustrado porque no cumples sus expectativas, también puede reaccionar de esta manera.

Sin embargo, si prestas atención, te darás cuenta de que antes de morderte o arañarte, envía señales de advertencia: orejas hacia atrás, meneo de cola, piel temblorosa, pupilas dilatadas y músculos tensos. Así que, en este caso, no lo toques, ignóralo y déjalo marchar. Cuanto más mantengas esta actitud, sin necesidad de que llegue a la fase de agresividad, más confiará en ti y sabrá que lo comprendes.

Por otro lado, cuando tu gato se tumba en la cama, panza arriba y con las cuatro patas al aire, no es una invitación a que lo acaricien, como podría ser para un perro, sobre todo porque la barriga es la parte del cuerpo más sensible en un depredador. Esto indica que confía en ti, porque se pone en esta posición de vulnerabilidad. Pero no va más allá. Por tanto, no lo molestes.

Y, sobre todo, si te muerde o te araña, no lo castigues, porque seguro que te ha avisado y tú no has tenido cuidado; en cierto modo, eres responsable de su reacción.

Así pues, tómate el tiempo necesario para observarlo a él y sus actitudes, e intenta pensar como él: es la garantía de una relación duradera y de confianza. Sobre todo, enséñale a tus hijos a detectar las señales de alarma que emite vuestro pequeño amigo, así como a respetarlas.

¿SABÍAS QUE...?

Cuando un gato se te frota contra las piernas, no es una petición de caricias o contacto físico. Depositan de forma natural sobre ti feromonas que segregan sus glándulas sebáceas para crear un rastro olfativo tranquilizador y afiliativo.

¿QUÉ DEBO HACER SI ME MUERDE AL JUGAR?

Para su correcto equilibrio, tu gato necesita momentos de juego para expresar su comportamiento depredador y desahogarse. Son momentos de complicidad muy agradables, salvo cuando las cosas se tuercen y te muerde o te araña.

Si tu gato no ha sido separado de su madre y sus hermanos demasiado pronto (es decir, no antes de la edad legal de adopción, a las ocho semanas), habrá aprendido las reglas de comportamiento adecuadas. Jugar con sus hermanos le sirve para desarrollar su psicomotricidad y descubrir sus habilidades de caza, controlando al mismo tiempo la intensidad de sus mordiscos y el uso de sus uñas (mordedura inhibida y retracción de las uñas, como se denomina, respectivamente). Si un gatito pone demasiada intensidad en el juego, pierde rápidamente a su compañero, que prefiere huir, o bien su madre le da la espalda o lo corrige. El control de los mordiscos es, por tanto, esencial para la vida en grupo.

Por desgracia, los gatitos que han quedado huérfanos o han sido separados demasiado pronto de la camada no han podido aprender esto y son los que tienen más probabilidades de hacer daño durante el juego. Una regla esencial es no jugar nunca con los dedos o las manos. Es tentador cuando tu gato aún es pequeño dejar que te agarre la muñeca y muerda, pero tolerarlo implicará que siga haciéndolo de adulto, cuando tenga dientes y una mandíbula más fuertes. Utiliza siempre objetos para entretenerlo: desde plumeros hasta juguetes de plástico, pasando por bolas de papel arrugado... ¡Cualquier cosa menos las manos!

Sin embargo, si sigue jugando de esta forma, no lo castigues ni le retires los dedos o las manos, ni tampoco le grites, ya que esto solo aumentará su excitación y su deseo de matar lo que considera una presa huidiza y agitada. En ese caso, empújalo con delicadeza, manteniendo la compostura, y, en cuanto te suelte, interrumpe toda interacción con él y déjalo solo; muéstrale una actitud de indiferencia. Por repetición, aprenderá a detenerse a tiempo.

Debes ser coherente: arañar y morder siempre ha de estar prohibido durante el juego, no solo cuando haga daño.

UN CONSEJO

Hay que estar atento a las señales del gato: quizá te ha mordido o arañado porque querías jugar con él e insististe, pero a él no le apetecía. Para evitar accidentes desafortunados con tus hijos, enséñales a responder a las peticiones de juego de su gato y no a iniciarlas. Y, si durante el juego tu gato te da la espalda y se aleja, estará indicando que es hora de parar.

¿QUÉ PUEDO HACER SI LOS DOS GATOS DE LA CASA SE PELEAN?

En casa tienes dos o más gatos. Hasta ahora todo iba bien, pero últimamente se producen peleas violentas que te dejan descolocado.

Antes de nada, obsérvalos atentamente, porque hay que distinguir entre agresividad y juego. Porque sí, también dos gatos adultos pueden desahogarse como si aún fueran gatitos, mediante el juego. En este caso, no echan para atrás las orejas, no se les eriza el pelo ni bufan, y los posibles mordiscos que pudiera haber no son graves.

Ahora bien, si por el contrario crees que tus gatos se pelean de verdad, de forma agresiva, no intervengas, pues podrías acabar recibiendo arañazos o mordiscos. Es lo que se llama agresividad redirigida, que podría incluso volverse contra ti más adelante. Para detener la pelea, intenta distraerlos lanzándoles una almohada o dando fuertes palmadas, por ejemplo.

Aíslalos físicamente, en dos habitaciones separadas, en silencio o incluso a oscuras, para que disminuya la tensión.

A continuación, debes analizar el motivo del comportamiento.

Asegúrate de que ninguno de tus gatos presenta signos de enfermedad (artrosis, heridas dolorosas), lo que podría explicar la agresividad repentina.

Tal vez uno de ellos acaba de volver del veterinario y el otro no lo reconoce porque está impregnado de olores nuevos. Tenlo en cuenta y anticípate: sepáralos durante veinticuatro horas para que los olores se disipen a medida que se acicalan.

En la mayoría de los casos, cuando hay peleas entre dos gatos que están acostumbrados a vivir juntos, se trata de un paso más en un proceso de larga duración que puedes haber estado subestimando. Puede que pensaras que no se llevaban mal o que, al menos, se toleraban mutuamente. Piénsalo detenidamente. ¿Uno de ellos suele pasar mucho tiempo debajo de una cama, se alimenta sobre todo por la noche o no se asea como se espera de un gato? Pensabas que era normal, que tal vez tiene un carácter más reservado. Pero, en realidad, no era así. Más bien imperaba un clima de continuo enfrentamiento. A menudo, uno de los gatos domina y le hace pasar un infierno al otro. Los gatos no son animales de manada, son principalmente territoriales. Cuando el territorio no está muy bien definido ni lo respetan dos felinos que viven en la misma casa, es difícil que haya un buen entendimiento entre ambos.

Redefine claramente los espacios. Obsérvalos con atención para identificar las zonas que han hecho suyas y donde no son propensos a los altercados. No des por sentado que por comer uno al lado del otro se creará un vínculo. Un gato es un cazador solitario, no comparte. Con el tiempo, aliméntalos en la misma habitación, pero en zonas separadas, sin que ninguno de los dos se sienta inseguro o acechado. El gato más tímido puede tener su cuenco en un lugar más elevado, por ejemplo. ¿Has seguido la regla de «tantos areneros como gatos en casa»? Pues bien, si están en la misma habitación, esto no tiene mucho sentido para la lógica del gato. Cada uno debe contar con su propia zona definida para hacer sus necesidades; si tiene que cruzar el territorio de su compañero para llegar al suyo propio, imagina su estrés.

Organiza la casa de forma que compartan lugares altos: ambos necesitan espacios desde donde observar, en los que sentirse seguros y descansar. Lo mismo ocurre con los rascadores: para ellos, rascar es una forma de marcar el territorio, por lo que hay que descartar que compartan el mismo rascador o que estén en el mismo lugar.

Dedícales momentos de juego, pero por separado. Lo ideal es que haya al menos dos personas en casa para interactuar con cada uno de ellos al mismo tiempo. Cuanto menos aburrido sea el entorno, menos probabilidades habrá de que se peleen.

Y, por último, haz que se sientan a gusto en cercanía del otro. Para ello, si están juntos en la misma habitación sin pelearse, dales a cada uno un capricho que les encante y asociarán la situación con algo positivo.

UN CONSEJO

Ten en cuenta que, si las peleas son frecuentes y violentas, se trata de una situación que viene de lejos. Así que no esperes que la armonía vuelva rápidamente. Ten paciencia y no dudes en pedir consejo a tu veterinario. Otra opción es empezar de cero y volver a seguir todos los pasos, como si fuera la primera vez que juntas a tus gatos. Los difusores de feromonas también pueden ayudarte a crear un ambiente más relajante en casa, pero no son eficaces al cien por cien.

¿QUÉ DEBO HACER CUANDO MI GATO TIENE SU «ATAQUE DE LOCURA»?

Tu gato te acecha. Se esconde detrás de una puerta o debajo de un mueble, se abalanza sobre ti y te agarra los tobillos. A veces, en mitad de la noche, entra en tu dormitorio y te ataca los pies, que sobresalen del edredón. Parece otro gato, no ese que pasa el tiempo en tu regazo ronroneando.

Y es que nunca podrás impedir que tu felino sea un cazador. Si no tiene acceso al aire libre y si no le ofreces suficientes juegos para desahogarse, encontrará sustitutos, como tus pies o tus tobillos, a veces tus manos, que son en definitiva las partes del cuerpo que más se mueven.

Estos *ataques* suelen producirse al anochecer o al amanecer. Son característicos de la ansiedad del gato en un entorno cerrado y van acompañados de otros síntomas, en particular lo que muchos llaman «el ataque de locura felino». Todas las noches corretea enloquecido, maúlla y a veces derriba todo lo que encuentra a su paso; crees que es un momento de liberación, pero en realidad es una manifestación de estrés.

Se acompaña en ocasiones de ingesta excesiva, acicalamiento compulsivo, diarrea y temblores en el cuero cabelludo. Este trastorno del comportamiento suele aparecer en gatos que viven en pisos y que antes tenían acceso al exterior. Se ven obligados a vivir en un entorno muy poco estimulante.

Por supuesto, la solución ideal es dejarlo salir al exterior. Pero, si es imposible, haz un entorno más rico. Inventa todo tipo de juegos (para él solo o para jugar con él), que irás modificando regularmente, crea nuevos espacios para que desarrolle conductas exploratorias, coloca dispensadores de comida que lo obliguen a pensar y a ser ágil... ¡Sácalo de su rutina!

Cuando te agarre el tobillo, no grites ni lo sacudas; esto solo aumentará su excitación y reforzará su mordisco, como si se tratara de una presa que sigue luchando antes de su muerte. Empújalo con suavidad con la otra pierna. Se desconcertará al ver que su presa imaginaria lo sujeta de repente desde en un lugar diferente.

No lo castigues, ya que esto solo aumentará su estrés. En lugar de eso, reorienta su comportamiento depredador hacia otro objeto, como una pelota o un corcho.

Si esta ansiedad se prolonga durante mucho tiempo, tu gato podría encontrarse en un estado cercano a la depresión, lo que podría afectar a vuestra relación. Tu veterinario puede proporcionarle un tratamiento para normalizar su estado de ánimo y mejorar vuestra relación, y también deberías realizar cambios en tu entorno.

Para prevenir la aparición de este trastorno, elige a un gato a sabiendas de lo que estás haciendo. Si vives en un piso pequeño, adopta un cachorro: le será más fácil adaptarse a esta forma de cautividad.

¿SABÍAS QUE...?

Otro tipo de violencia del gato se denomina agresión redirigida. Se produce cuando el animal se excita al ver a un perro en el exterior o a otro gato al que no puede acercarse porque está encerrado. Su grado de excitación puede ser tal que, si pasas cerca, saltará sobre ti y te atacará violentamente. Esto puede ser traumático para ti, ya que te sentirás inseguro con tu mascota, especialmente si hay niños en casa. Si tu gato ha mostrado este comportamiento antes, observa su conducta. Cuando parezca muy alterado, no intentes interactuar con él para calmarlo. Mantenlo alejado, a ser posible de lo que le provoca la agresividad (cierra las cortinas), y deja que se calme solo, en un entorno tranquilo. Si este tipo de agresividad se repite, consulta al veterinario, que podrá recetarle un tratamiento médico a base de psicofármacos.

Cuarta parte
CUIDAR BIEN DE TU GATO

¿CÓMO SÉ SI MI GATO ESTÁ ENFERMO?

Tarde o temprano, tu gato sufrirá una enfermedad o un accidente, sea leve o grave. Por tanto, ten en cuenta que hay determinados síntomas o comportamientos a los que debes prestar atención, sobre todo en función de si afectan a un gato joven o a uno de más edad. No hay que alarmarse por todos estos síntomas, pero, si persisten durante más de dos días, consulta al veterinario:

- pérdida significativa del apetito;
- fiebre, decaimiento;
- vómitos, diarrea o estreñimiento;
- dificultad o dolor al orinar;
- tos, estornudos, secreción nasal u ocular;
- tendencia a esconderse;
- cojera, dificultad para moverse;
- ojos rojos o cerrados;
- picor intenso;
- bultos o heridas después de pelearse con otro gato.

Algunas enfermedades avanzan más lentamente y pueden empezar con síntomas muy desorientadores. Puede que al principio no te preocupen, pero es la progresión y la persistencia de los síntomas lo que debería llevarte a buscar ayuda:

- vómitos cada vez más frecuentes;
- aumento de la sed;
- mucha irregularidad en las ingestas;
- pérdida de peso;
- cambio de hábitos;
- pelaje deslucido o con caspa;
- irritación y enrojecimiento de la piel;
- aparición de bultos (por ejemplo, entre los omóplatos o en la zona mamaria);
- intolerancia a las caricias en determinadas partes del cuerpo;
- agresión anormal;
- dificultades locomotoras.

Ahora bien, estos son los casos en los que debes llevarlo urgentemente al veterinario:

- pérdida de conciencia, convulsiones;
- dificultad para respirar y boca abierta;
- caída desde un balcón, aunque sea desde un primer piso (puede haber lesiones internas que no sean visibles);
- sangre en la orina o en la boca;
- incapacidad para orinar o defecar;
- vómitos y diarrea incontrolables;
- ingestión de un cuerpo extraño o de un alimento o planta tóxicos;
- accidente de tráfico;
- sospecha de envenenamiento.

UN CONSEJO

Consulta con tu veterinario o con las clínicas cercanas si ofrecen servicios de urgencia por la noche y los fines de semana, para saber dónde acudir cuando los necesites. En algunas ciudades también existe un servicio de veterinarios a domicilio. Guarda los distintos números de emergencia en tu teléfono.

¿NECESITA UNA REVISIÓN ANUAL?

Cada año, seguramente recibirás un recordatorio del veterinario para la vacunación de tu gato. Aparte de la vacunación, la visita es muy importante para la salud del animal, ya que el veterinario aprovechará para realizarle un examen clínico completo: exploración cardiaca y pulmonar, palpación abdominal, observación de los ojos, oídos y mucosas, y evaluación de su estado corporal general. Al compartir el día a día con tu mascota, es posible que no te hayas dado cuenta de que, quizá, desde la última visita al veterinario, ha engordado o adelgazado, de que el pelaje se le ha deslucido o de que le ha aparecido sarro en la dentadura.

Los gatos tienden a ocultar el dolor y la enfermedad: recuerda que, en la naturaleza, el gato es cazador, pero también presa, por lo que no debe atraer a los depredadores mostrándose vulnerable.

En todo caso, tu veterinario te alertará —es su trabajo— de su estado y te dirá qué hacer: seguir un dieta hipocalórica o un determinado tratamiento, o limpiarle el sarro de la dentadura.

Puede sugerir un análisis de sangre para un examen más detallado. A partir de los seis o siete años, esto es esencial para detectar ciertas enfermedades antes de que aparezcan los síntomas. Por ejemplo, se sabe que los gatos son propensos a padecer insuficiencia renal crónica. Para cuando aparecen los primeros indicios, se calcula que en el 70% de los casos los riñones están afectados. Pero, antes de que ocurra, los niveles de urea y creatinina en sangre pueden dar una indicación del inicio de la enfermedad. Si se detecta a tiempo, se puede frenar su avance con una dieta adecuada y darle una mejor calidad de vida. La insuficiencia renal crónica es un ejemplo que es válido para otras muchas enfermedades. Como se suele decir: «Más vale prevenir que curar».

La visita anual es también una oportunidad para hablar con un profesional de la salud y el comportamiento felinos. A veces, quienes te rodean, y pese a su mejor intención, pueden haberte dado un mal consejo. Por ejemplo, ya estabas harto de que tu gato te arañase el sofá del salón y te aconsejaron reprenderlo, pero no ha servido de nada; de hecho, se ha vengado con las patas de la cómoda. Este es un ejemplo de las creencias que aún circulan y que empeoran comportamientos no deseados. Si hablas con el veterinario, te explicará por qué arañar es normal en los gatos y que no tiene sentido mostrar enfado, sino que simplemente hay que dirigirlos hacia otro objetivo. Y, lo que es más importante, aprenderás que el animal no está siendo vengativo, sino que tu reacción puede haberle causado estrés: más arañazos le aportan más tranquilidad.

No dudes en hacerle todas las preguntas que quieras al veterinario; incluso prepáralas unos días antes de la visita para así no dejarte nada en el tintero. También será la ocasión de renovar los tratamientos contra los parásitos internos y externos. La revisión anual es responsabilidad de todo propietario de un gato.

UN CONSEJO

Llevarlo a una revisión anual, aunque esté en plena forma, ayudará a tu gato a acostumbrarse a la clínica veterinaria y a la manipulación. Así, el día que se lesione o enferme, acudirá sintiéndose un poco menos estresado y más confiado.

¿DEBO VACUNARLO?

La vacunación forma parte del tratamiento veterinario recomendado para tu gato. Lo protege de enfermedades infecciosas que pueden ser muy perjudiciales para su salud, incluso mortales. Aunque tu mascota no salga nunca al exterior, es importante vacunarla porque tú mismo puedes introducir agentes infecciosos del exterior: en las suelas de los zapatos o tras acariciar a un gato en casa de un amigo, por ejemplo.

¿Por qué ponerlo en peligro cuando existen soluciones preventivas? El principio de la vacunación se basa en la inoculación de agentes infecciosos desnaturalizados (y, por tanto, inocuos) o de una sola parte de estos microbios, los antígenos. El organismo del gato desencadenará una reacción inmunitaria específica y producirá anticuerpos. Así, si tu mascota se expone a la enfermedad, su organismo responderá inmediatamente a la agresión y neutralizará el agente infeccioso gracias a los anticuerpos que ya tiene. La vacunación es un procedimiento que realiza un veterinario. Antes de la inyección, se realiza un examen de salud para asegurarse de que tu mascota no está debilitada o enferma y de que su sistema inmunitario puede responder a la medida preventiva, con lo que se garantiza la eficacia de la vacuna.

Las vacunas para gatos actuales son polivalentes, lo que significa que protegen contra varias enfermedades.

Las enfermedades básicas son el tifus (también conocido como panleucopenia felina) y la coriza. Tanto si tu gato sale como si no, estas vacunas son necesarias. Varios agentes infecciosos pueden causar coriza. Las vacunas protegen contra la coriza causada por calicivirus, herpesvirus y una bacteria llamada clamidia. Estos tres gérmenes son responsables del 80% de los casos de coriza. Esto explica por qué, aunque tu gato esté vacunado, puede contraer la enfermedad: precisamente porque no todos los gatos están vacunados.

Si tu mascota está en contacto directo con otros gatos, es importante vacunarla contra la leucemia felina. Se trata de una enfermedad infecciosa causada por un virus que se transmite a través de la saliva, las lágrimas, la orina, la sangre o los arañazos (muy frecuentes cuando los gatos se pelean o comparten sus cuencos y areneros).

Actualmente, aunque España se considera un país libre de la rabia, en algunas comunidades autónomas aún es obligatoria la administración de dicha vacuna. Por otra parte, si viajas con tu gato, puedes evitar problemas de última hora vacunándolo cada año. Si se declara un caso de rabia en la zona en que vivas por causa de un animal llegado de un país extranjero, es mejor que tu gato esté vacunado.

Para ser eficaz, la vacunación debe seguir un protocolo específico. Las recomendaciones actuales son de dos a tres inyecciones para los cachorros, con un mes de intervalo, y que el animal tenga dieciséis semanas en el momento de la última inyección. El refuerzo se administra al año de edad y después cada año en la misma fecha. Tu veterinario podrá adaptar el protocolo en función del estilo de vida y la edad del animal, espaciando las inyecciones de refuerzo cada dos o tres años.

La vacuna no es dolorosa, pero puede tener efectos secundarios, como pérdida de apetito o fatiga, que no deben durar más de cuarenta y ocho horas.

¿SABÍAS QUE...?

Durante muchos años se ha considerado que la vacunación era responsable de la aparición de unos tumores cutáneos, llamados fibrosarcomas, entre los omóplatos. Estudios a gran escala han desmentido esta hipótesis. Parece que los gatos que desarrollan este cáncer están genéticamente predispuestos y que cualquier tipo de traumatismo en esta zona del cuerpo podría ser el responsable. Afortunadamente, esta enfermedad solo afecta a uno de cada diez mil gatos, por lo que no es una razón de peso para no vacunar. Tu veterinario procurará no inyectar la vacuna en la misma zona cada vez.

¿CUÁL ES EL BOTIQUÍN BÁSICO PARA MI GATO?

Para que te puedas encargar de las pequeñas cosas que pueden irle mal en el día a día a tu gato, es importante tener siempre a mano un botiquín con una serie de artículos indispensables. De este modo, quien se ocupe de él, en casa o en una guardería felina, lo tendrá a mano; también para cuando decidas viajar con tu gato.

En primer lugar, piensa en lo básico: su cartilla sanitaria, su pasaporte, un cepillo para desenredar los nudos, otro para airear el pelaje y eliminar el pelo muerto, un rascador, posiblemente un champú adecuado, pero también una solución limpiadora fisiológica neutra para los ojos y otra para los oídos.

En caso de que sufra alguna herida, y dependiendo de la gravedad, puedes realizar una primera cura con compresas estériles, una venda que no se le pegue al pelo, una tira de gasa, tijeras de punta redonda (para cortar las vendas o el pelo alrededor de las heridas) y un antiséptico, como la clorhexidina o la povidona yodada. Tu veterinario también puede proporcionarte una crema limpiadora y cicatrizante, muy útil para las heridas superficiales.

A lo largo del año, deberás tratar regularmente a tu gato contra los parásitos externos (garrapatas y pulgas). También deberías conseguir una pinza adecuada para quitar las garrapatas, que te permitirá eliminar el parásito sin riesgo de dejar la cabeza bajo la piel.

En caso de trastornos digestivos, puedes tener en casa un protector estomacal para gatos, probióticos para reequilibrar la flora intestinal e, incluso, aceite de parafina para cuando regurgite bolas de pelo con frecuencia.

Si alguna vez tienes dudas sobre su salud, considera la posibilidad de tomarle la temperatura con un termómetro rectal con un poco de vaselina en la punta. La temperatura normal de un gato es de 38,5 °C.

Recuerda también comprobar siempre la fecha de caducidad de los medicamentos y otros productos.

UN CONSEJO

Nunca mediques por tu cuenta a tu gato con medicamentos propios ni con un tratamiento que no le haya recetado previamente el veterinario. El paracetamol, el ibuprofeno y la aspirina son contraproducentes para tu gato y nunca debes dárselos, ni siquiera en pequeñas dosis, ya que pueden matarlo.

¿CÓMO LE DOY LA MEDICACIÓN?

Tu gato está enfermo y el veterinario le ha recetado un trata-miento para una semana. Es la primera vez que tiene que tomar medicación. Administrársela suele ser más difícil para un gato que para un perro. En el caso de los perros, puedes es-conderle las pastillas en un trocito de queso blando. Si tu gato es goloso, este truco puede funcionar: mézclalas con atún, un trozo de carne o una pasta para gatos comprada en el veterina-rio. También puedes triturar los comprimidos con dos cuchari-llas y mezclar el polvo con un poco de mantequilla o puré, y untarlo en el fondo de su cuenco, o incluso en la parte superior de las patas delanteras, que estará encantado de lamer.

A veces no puedes evitar la necesidad de obligarlo, aunque no sea agradable ni para ti ni para él. En el caso de algunos ga-tos, puede ser necesario sujetarlos con una toalla grande para que no puedan arañarte.

Si tu gato está tranquilo, colócatelo en el regazo o sobre una mesa, con la espalda pegada a ti (mirando en la misma direc-ción). Con la mano derecha, levántale el labio superior y haz que mire al cielo. En esta posición, hay menos riesgo de que te muerda. Con el dedo corazón de la mano izquierda, bájale la mandíbula inferior y colócale el comprimido, que has de sujetar entre el índice y el pulgar, en la parte inferior de la boca. Ciérrale rápidamente la boca, manteniéndola levantada y masajeándole el cuello para hacer que trague. Si inmediatamente después se lame los labios, significa que ha salido bien. No dudes en volver a abrirle la boca para comprobarlo.

También hay dispensadores de medicamentos que puedes utilizar mientras mantienes al gato en la misma posición. No te preocupes, la pastilla no se atascará ni irá por el lado equivocado, ya que el esófago del gato es grande.

Si el medicamento es líquido, evita ponérselo en la comida, pues no la tocará. Utiliza la pequeña pipeta suministrada con el producto y procede como se ha descrito antes.

Afortunadamente, muchos laboratorios farmacéuticos, conocedores de las dificultades de administrar medicamentos a los gatos, han desarrollado los llamados comprimidos «palatables», con sabor a carne, que tu mascota puede tomar como si fuera una pequeña golosina.

UN CONSEJO

Si acabas de adoptar un gatito, procura que se acostumbre a que lo manipules como si fueras a darle un medicamento. Así te resultará más fácil cuando tengas que administrarle un antiparasitario externo o darle un desparasitante en comprimidos.

¿PUEDE TRANSMITIRME ENFERMEDADES?

Cuidar de tu gato y atenderlo a diario es muy importante para su salud, pero también para la tuya. De hecho, algunas enfermedades infecciosas o parasitarias pueden transmitirse de los gatos a los humanos (y a veces en sentido contrario): son las llamadas zoonosis. Algunas de ellas pueden ser graves para tu salud, sobre todo «la enfermedad por arañazo de gato» y la toxoplasmosis.

- Como su nombre indica, la enfermedad por arañazo de gato (cuyo nombre científico es hemobartonelosis felina) se transmite a través de los arañazos, pero también por las mordeduras. La herida se convierte en un punto de entrada para la bacteria responsable. Se calcula que el 40% de los gatos están expuestos en algún momento de su vida a esta bacteria. Se contaminan entre ellos, pero sobre todo a través de pulgas o garrapatas que portan el agente infeccioso. Tu gato puede ser portador de esta bacteria sin desarrollar la enfermedad. En cambio, puede afectarle si el sistema inmunitario del animal está debilitado (infección concomitante con el virus de inmunodeficiencia felina): como la bacteria ataca los glóbulos rojos, el gato se debilita, se le empalidecen las mucosas y puede morir si no recibe tratamiento.

En el ser humano, esta enfermedad se manifiesta unos días después de la infección por un enrojecimiento importante alrededor de la herida; después aparece un ganglio en la axila, la ingle o el cuello (según dónde se haya recibido el arañazo). También pueden aparecer otros síntomas, como fiebre, fatiga, pérdida de apetito. La aparición de estos síntomas suele requerir tratamiento antibiótico. Para protegerse contra la transmisión de esta bacteria, hay dos medidas esenciales: tratar al gato contra las pulgas y desinfectar la herida si te araña o muerde.

- Por su parte, la toxoplasmosis es una enfermedad que causa un parásito de la familia de los protozoos. En los gatos, la infección se produce por la ingestión de presas, pero la aparición de la enfermedad es extremadamente rara. Si se produce, puede presentar muchos síntomas inespecíficos. El gato suele ser un portador sano y eliminará los huevos del parásito a través de las heces. El principal riesgo lo corren las mujeres embarazadas porque la toxoplasmosis puede provocar malformaciones congénitas de diferente gravedad. Con todo, si estás embarazada y la serología del toxoplasma es negativa, no pienses que tienes que deshacerte de tu gato.

Basta con que otra persona se ocupe del arenero, no lo pongas en la cocina y no dejes que tu gato se tumbe en tu cama. Si vives en un piso y el gato se alimenta exclusivamente de pienso, apenas hay peligro de que sea portador del parásito.

- Algunos parásitos intestinales de los gatos también pueden causar zoonosis, como las ascárides (*Toxocara cati*) y las tenias (*Echinococcus*). El gato también expulsa los huevos de estos parásitos en sus heces, con el peligro que conlleva. Los niños son los más expuestos, ya que se llevan las manos sucias a la boca o pueden llegar a jugar en areneros de parques en los que haya heces de gato.

En los gatos, la equinococosis (enfermedad causada por pequeñas tenias muy peligrosas) es asintomática. Sin embargo, en los humanos, el parásito se enquista en el hígado o incluso en los pulmones, con graves consecuencias para estos órganos. En el caso de la toxocariasis humana, el huevo ingerido se transforma en una larva que migra por el organismo y puede tener diversas repercusiones según su localización final (ojo, cerebro). Para prevenir el riesgo de contagio, desparasita regularmente a tu gato.

- La tiña también es una enfermedad zoonótica. Se trata de un hongo cutáneo bastante contagioso. Los felinos son especialmente susceptibles y el hongo es muy persistente en el ambiente a través del pelo esparcido. Si tu gato tiene tiña, es poco probable que no te llegues a contagiar. En los humanos, se manifiesta en forma de pequeñas manchas escamosas bien delimitadas, a menudo redondas, con un contorno especialmente rojo. El tratamiento con un antifúngico es eficaz, pero toma mucho tiempo.

Si vigilas la salud de tu gato, lo tratas regularmente contra los parásitos internos y externos y sigues las medidas de higiene habituales, el riesgo de zoonosis será mínimo. Además de los vistos, existen otros tipos de zoonosis, pero son mucho más raros: pasteurelosis, rickettsiosis, sarna sarcóptica... La rabia también es una zoonosis, mortal en cuanto aparecen los síntomas, pero que afortunadamente ya no existe en territorio español.

UN CONSEJO

Educa a tu hijo desde el principio en normas de higiene básica:

- no frotarse la cara con el animal;
- lavarse bien las manos después de cada contacto y no llevarse los dedos a la boca;
- cubrir el arenero infantil del jardín para que los gatos no hagan uso de él.

SE RASCA:
¿Y SI SON PULGAS?

L as pulgas son el principal parásito externo de los gatos. Un gato que tiene pulgas se rascará —a menudo en la base de la cola—, se morderá, de forma moderada o nerviosa, dependiendo de la presión del parásito y de su propia sensibilidad. Otros síntomas que pueden indicar que tiene el parásito son pequeñas manchas rojas o costras en la piel.

Tu mascota también puede ser alérgica a las picaduras de pulga, más concretamente a la saliva de estos insectos. En este caso (y basta una sola picadura para desencadenar la alergia), las manifestaciones clínicas son más importantes: pérdida del pelo, a veces enrojecimiento de la piel, incluso supurante, acompañado de importantes picores.

Pero el efecto de las pulgas no se detiene ahí. Al acicalarse, tu gato también puede ingerirlas y estas pueden albergar bacterias (las responsables de la enfermedad por arañazo de gato, por ejemplo) y parásitos intestinales (como la tenia) que lo infectarán.

Es posible que hayas notado el efecto de las pulgas en tu gato de manera intermitente. Y es que solo se acercan a él para alimentarse. El resto del tiempo están en las alfombras, moquetas, donde descansa el parásito, o tras los rodapiés, donde crían, ponen huevos y duermen. Se ha demostrado que, en caso de infestación por pulgas, el 5% del tiempo están en el animal y el 95% en el ambiente, en forma de huevos, larvas y pupas.

Para combatir las pulgas, examínale la piel a tu gato, separando el pelo; aunque no veas ninguna, pueden dejar señales de su presencia con sus excrementos. Se trata de pequeñas semillas negras, con la apariencia de pimienta molida. Para no confundirlas con suciedad, aplasta unas cuantas entre dos hojas de papel de cocina humedecidas: si son pulgas, dejarán un rastro marrón rojizo, ya que son insectos hematófagos que se alimentan de la sangre de su huésped.

Si el animal está infestado, debe ser tratado sin demora. Olvídate de champús, polvos, espumas antiparasitarias, así como de los productos naturales o incluso de tratar de quitárselas manualmente; nada de eso es eficaz. En tu clínica veterinaria podrán aconsejarte un producto eficaz, duradero y seguro (cuidado, porque algunos antipulgas para perros son tóxicos para los gatos). Pueden presentarse en forma de espray para todo el cuerpo, collares, pipetas para aplicar entre los pelos de la nuca o incluso comprimidos para ingerir.

También será esencial que trates el hogar, ¡de lo contrario no servirá de nada! Si no se acaba con los huevos y larvas presentes en el suelo (pueden resistir varios meses), continuarán su ciclo de desarrollo y se convertirán en pulgas adultas. Algunos productos aplicados al animal descontaminan el entorno a través del pelo.

A veces, será necesario utilizar insecticidas, aerosoles o productos fumigantes para el hogar, respetando el protocolo de uso para que no sean peligrosos para tu mascota: suele ser aconsejable salir con tu mascota durante unas horas, el tiempo necesario para que el producto actúe. Con todo, tendrás que hacer una limpieza a fondo del hogar (incluyendo alfombras, moquetas, sofás, cortinas y la cesta del gato), con cuidado de deshacerte de la bolsa de la aspiradora para que no se convierta en una incubadora de huevos de pulgas.

Por último, siempre debe utilizarse un antihelmíntico para evitar el riesgo de que se desarrolle al mismo tiempo una tenia.

Lo cierto es que el tratamiento antipulgas no debe tomarse a la ligera o, de lo contrario, puede que no salga bien. Una pulga adulta pone cincuenta huevos al día, así que ¡imagínate si no haces nada! Tu veterinario te ayudará a adaptar el tratamiento a la edad de tu gato, su estilo de vida y si hay otros animales en casa.

UN CONSEJO

El método más eficaz es la prevención, incluso si tu gato vive en un piso. Tras acariciar al gato de un amigo, puedes llevar huevos o larvas de pulga en la ropa e infectar a tu propio gato. Durante mucho tiempo se pensó que un tratamiento externo de control de plagas de primavera a otoño era suficiente, ya que las pulgas se desarrollan principalmente en estas estaciones. Sin embargo, en nuestros hogares calefactados, lo mejor es mantener la lucha contra las pulgas durante todo el año. Los tratamientos preventivos son los mismos que se utilizan cuando hay pulgas.

¿PUEDE TENER GARRAPATAS?

Las garrapatas suelen asociarse a los perros, pero tu gato también puede tenerlas. Las garrapatas son ácaros que viven en la hierba alta y necesitan un huésped para alimentarse: son parásitos. Mamífero o ave, cuando la garrapata detecta su presencia (por el calor corporal y el CO_2 que desprende), se deja caer desde una hoja o la hierba hasta el animal. Se adhiere a un lugar del cuerpo donde la piel es fina y donde puede acceder fácilmente a un pequeño vaso sanguíneo para alimentarse. La garrapata permanece en el lugar durante varios días antes de desprenderse de forma natural y continuar su ciclo de desarrollo en el medio ambiente.

Si tu gato sale al exterior, es muy probable que esté expuesto a estos parásitos. Se los puedes encontrar por todo el cuerpo, aunque los lugares más comunes son las orejas, la cabeza y las patas. Una infestación masiva puede provocar anemia, pero es muy poco frecuente. El principal riesgo es la transmisión de enfermedades, ya que las garrapatas son portadoras de agentes infecciosos que infectan a su huésped cuando se alimentan de su sangre. En los gatos, estas enfermedades son la hemobartonelosis felina, la erliquiosis y la enfermedad de Lyme.

Si, al examinar a tu gato, observas la presencia de garrapatas, hay que extraerlas con un instrumento adecuado, unas pinzas para arrancar garrapatas, que puedes comprar en tiendas de animales o en el veterinario. Es la técnica más eficaz para no dejar la cabeza bajo la piel. Esto evita el riesgo de que se le forme un quiste o incluso un absceso en el lugar de la picadura, así como la transmisión de agentes infecciosos que permanecen en las glándulas salivales de la garrapata.

Elimínalas lo antes posible: los agentes infecciosos responsables de enfermedades graves se inoculan cuarenta y ocho horas después de que la garrapata haya empezado a alimentarse. Desinfecta la zona de la picadura con un antiséptico. A continuación, vigila a tu felino. Si le observas algún enrojecimiento en la piel o si parece más cansado o menos hambriento de lo habitual, consulta a tu veterinario.

La prevención es el método más eficaz para controlar las garrapatas. Los productos de control externo de plagas suelen ofrecer una combinación para luchar contra pulgas y garrapatas. Puedes encontrarlos en forma de pipetas o collares. Nunca apliques un producto para perros a tu gato, ya que algunas moléculas antiparasitarias (como la permetrina) son muy tóxicas para los felinos.

UN CONSEJO

Nunca quites una garrapata con la mano. Protégete, ya que algunas garrapatas pueden ser portadoras de enfermedades transmisibles al ser humano. No utilices éter ni alcohol para dormir a la garrapata, ya que esto activa la secreción de las glándulas salivares del parásito, lo que a su vez aumenta el riesgo de contagio.

TIENE LOMBRICES INTESTINALES: ¿QUÉ DEBO HACER?

A lo largo de su vida, lo más seguro es que tu gato se infecte con parásitos intestinales. Existen dos tipos de lombrices: las ascárides y las tenias.

La más común es la platelminto *Dipylidium*, conocida como tenia del gato. Como su nombre indica, suele haber una sola lombriz en el tubo digestivo: se adhiere a la pared intestinal, puede medir hasta 50 cm de largo y se divide en múltiples segmentos pequeños (como granos de arroz) que pueden verse en las heces o adheridos al pelo que rodea el ano. Los gatos se infectan cuando se acicalan al ingerir pulgas portadoras de esta lombriz. Existen otros tipos de tenias que se encuentran en el tracto digestivo de los felinos cuando comen presas que han cazado. Estas desencadenan la teniasis parasitaria y la equinococosis (esta última es una enfermedad transmisible al ser humano).

Sin embargo, la lombriz más común es el ascáride. Estos gusanos miden de 4 a 5 cm de largo, viven en el intestino delgado en decenas de bolas y liberan sus huevos (los gusanos adultos parecen pequeños fideos) en las heces. Es un parásito bastante común en los cachorros, que pueden haberlo contraído de sus madres a través de la leche. El gato adulto puede infestarse al ingerir las larvas en su entorno. También es una zoonosis rara pero grave cuando el ser humano ingiere accidentalmente los huevos (plantas mal limpiadas, arenero de parque con heces de gato, manos sucias que se llevan a la boca). Menos frecuente es el anquilostoma, otra ascáride que puede afectar a los gatos.

En todos los casos, un gato infectado con lombrices intestinales experimentará problemas digestivos (diarrea o estreñimiento, vómitos) y pérdida de peso y de apetito, y tendrá un pelaje apagado y descuidado. Es importante saber que las lombrices roban nutrientes y vitaminas al gato, pero también pueden alimentarse de la sangre de su huésped (por ejemplo, los anquilostomas). El sistema inmunitario también puede debilitarse, lo que hace que los gatos afectados sean más susceptibles a otras infecciones. Los cachorros con una infestación masiva de ascárides se hinchan, pierden movilidad e incluso pueden morir.

Para tratar a un animal infectado, solo hay una solución sencilla y eficaz: la desparasitación.

Tu veterinario le recetará un antihelmíntico adecuado para la edad y el peso de tu mascota y también para el tipo de lombriz. Sin embargo, muchos antihelmínticos actuales son de amplio espectro, lo que significa que matan tanto las ascárides como las tenias.

La prevención es esencial, no solo para garantizar la buena salud de tu gato, sino también para protegerte tú también, dado el riesgo real de transmisión.

Por otra parte, administrar un antiparasitario a un gato no lo protege indefinidamente; de hecho, actúa sobre las lombrices intestinales presentes en ese momento. Si dos semanas más tarde vuelve a estar contaminado, el antiparasitario ya no será eficaz. Por este motivo, desparasita a tu gato varias veces al año y en función del riesgo de exposición. La recomendación actual es desparasitarlo cuatro veces al año. Si tienes niños pequeños, trátalo contra los parásitos internos todos los meses. Es la única forma de reducir realmente el riesgo de infección. Si tiene pulgas, desparasítalo sistemáticamente para evitar la transmisión de la tenia felina.

Por último, para los cachorros, que son más propensos a infectarse a través de sus madres, el protocolo de desparasitación puede iniciarse a partir del mes de edad; habrá que aplicarlo una vez al mes hasta los seis meses de edad. Los antiparasitarios están disponibles en el mercado en forma de pasta oral, comprimidos, que suelen ser palatables, o incluso pipetas que se aplican sobre la piel, entre los omóplatos. Algunos tratan tanto los parásitos internos como los externos.

¿SABÍAS QUE...?

Hay una lombriz que se aloja en el corazón del animal y provoca la «enfermedad del parásito del corazón». Los animales (perros y gatos) se infectan por la picadura de un mosquito. Es una enfermedad presente en la región mediterránea y puede adoptar distintas formas clínicas: ausencia de síntomas, recuperación espontánea, tos y dificultades respiratorias. Habla con tu veterinario si vives en una zona de alto riesgo o viajas a ella con tu mascota.

¿QUÉ DEBO HACER SI NO TIENE UN BUEN PELAJE?

El pelo de un gato sano debe ser abundante, brillante y estar bien cuidado mediante un cepillado regular. Un cambio de aspecto siempre debe llamarte la atención, ya que no es normal, y existen varias explicaciones posibles.

La forma en que un gato se acicala dice mucho de su estado de ánimo. Puede alterarse por exceso o por defecto; por ejemplo, un gato que sufre ansiedad tenderá a acicalarse más a menudo, a veces de forma exagerada, para tranquilizarse. Pero el lamido excesivo puede provocar la caída de pelo, dejar calvas e impedir el crecimiento de pelo nuevo.

Por el contrario, un gato deprimido tendrá menos ganas de acicalarse: el pelo se apelmazará, se acumulará grasa en el trasero y el aspecto del gato se apagará. En ambos casos, pueden aparecer otros comportamientos, pero estos signos de por sí deberían alertarte.

También es posible que tu gato deje de acicalarse porque ya no pueda hacerlo. Si padece artrosis, cada movimiento le resulta doloroso. Si tiene sobrepeso, carece de la agilidad necesaria. En este caso, el pelaje a menudo parece descuidado, se apelmaza en algunas partes, con caspa en la región lumbar.

Una mala alimentación también puede ser la causa de un pelaje apagado. La piel es el órgano de mayor superficie, por lo que necesita una nutrición adecuada. Si no hay suficientes proteínas en el organismo, o no son de buena calidad, si faltan ácidos grasos esenciales, minerales y vitaminas, la piel se resentirá. La pérdida de pelo será abundante, incluso fuera del periodo de muda, y su aspecto no será ni brillante ni saludable.

Enfermedades como la diabetes, la insuficiencia renal o la disfunción tiroidea también pueden afectar al aspecto del pelaje. Tu gato también puede padecer una enfermedad alérgica que le provoque pérdida de pelo, picores y enrojecimiento de la piel. Los alérgenos pueden proceder de los alimentos o del ambiente, estar contenidos en productos que utilizas en casa o transmitirlos las pulgas. Tampoco hay que subestimar el parasitismo intestinal: las lombrices de los intestinos toman muchos de los nutrientes que normalmente aportan los alimentos.

Por último, una cuestión de sentido común: tu gato puede estar sufriendo una enfermedad cutánea (micosis, disfunción de las glándulas sebáceas, proceso canceroso), por lo que muy a menudo aparecerán otros signos cutáneos, como costras, granos, enrojecimiento, descamación...

Dadas las diversas causas que pueden llevar a un cambio en el aspecto del pelaje del animal, no dudes en consultar a tu veterinario, que podrá elaborar un diagnóstico, realizando más pruebas en caso necesario.

UN CONSEJO

Enséñale a tu gato a que lo toquen y cepillen casi a diario. Así te resultará más fácil comprobar el estado de su piel.

Y, si el mal aspecto de su pelaje se debe a la falta de aseo, por el motivo que sea, depende de ti ayudarle a mantenerlo.

¿PUEDE CONTRAER LA TIÑA?

La tiña es una enfermedad cutánea muy contagiosa causada por un hongo. Puede transmitirse a muchos animales (gato, perro, conejo, cobaya), pero también a los humanos.

Los gatos suelen contraerla durante su estancia en una comunidad (un gato adoptado de una protectora o que ha pasado un tiempo en una guardería felina); los cachorros, los gatos mayores y los que tienen el sistema inmunitario debilitado son los más susceptibles. El hongo no solo es contagioso, sino que dispersa esporas muy resistentes por todo el entorno a través del pelo.

Los síntomas son fáciles de detectar, ya que la tiña suele presentarse como una lesión con forma redondeada y escamosa, generalmente en la cara, las orejas o la cola, que no necesariamente causa costras ni picor. Sin embargo, puede haber manifestaciones menos típicas (costras, granos, pelo y piel grasientos, etcétera). Observa a tu gato y, en caso de duda, consulta al veterinario, que frotará un pequeño trozo de gasa en la lesión y en el pelaje del animal y lo enviará a un laboratorio para realizar un cultivo de hongos. También es posible utilizar una luz ultravioleta, la lámpara de Wood, en la oscuridad, que hará que las esporas del hongo se vean fluorescentes en el pelaje del animal, o examinar los pelos al microscopio.

Una vez realizado el diagnóstico, puede iniciarse el tratamiento, que debe seguirse escrupulosamente: aplicar un antimicótico sobre la lesión, a veces complementado con baños y un antifúngico oral.

Para erradicar por completo la tiña, también tendrás que tratar la casa, ya que es imprescindible deshacerse de las esporas que se han propagado; de lo contrario, volverá a aparecer: limpiar alfombras y moquetas, aspirar toda la casa, desinfectar todo el equipamiento de tu gato... También existen difusores caseros que deben utilizarse siguiendo estrictamente las instrucciones.

UN CONSEJO

Como la tiña es una zoonosis que puede transmitirse a los humanos, vigila a tus hijos y a ti mismo. Las mujeres se ven afectadas con más frecuencia que los hombres. Produce lesiones muy características, redondas u ovaladas, con un perímetro enrojecido, y puede picar. También puede aparecer en el cuero cabelludo. No es una enfermedad grave, pero resulta molesta y antiestética. Tu médico o dermatólogo puede recetarte un tratamiento.

REGURGITA BOLAS DE PELO: ¿QUÉ PUEDO HACER?

Probablemente ya te habrás dado cuenta de que tu gato se acicala durante muchas horas. Así elimina la suciedad, los posibles parásitos y el pelo muerto —así como estimula su crecimiento— y extiende una película de grasa por todo el pelaje. El acicalamiento es también un momento de relajación para él.

Su lengua rasposa recoge los pelos muertos y los ingiere. Se mezclan con la comida y suelen eliminarse con las heces. Sin embargo, a veces estos pelos se tragan en grandes cantidades y se acumulan en el estómago, formando una masa compacta que difícilmente puede seguir el tránsito digestivo. En este caso, la única forma de deshacerse de ellos es regurgitándolos. Es probable que ya hayas encontrado estas bolas de pelo muy densas en el suelo o en el armario de la ropa, de forma más alargada que redonda. Cuando veas lo grandes que son, podrás imaginarte el peso que sin duda se ha quitado tu gato de encima.

A veces, a pesar de los esfuerzos por regurgitar (por ejemplo, comiendo hierba), no puede deshacerse del pelo. Estate atento a los síntomas que deberían alertarte: vómitos frecuentes, pérdida de apetito, dolor abdominal y estreñimiento. En ese caso, es necesaria una visita al veterinario. Las bolas de pelo pueden quedarse en el estómago o en el intestino sin conseguir progresar. El tránsito digestivo puede quedar completamente bloqueado, con el consiguiente riesgo vital para tu mascota.

Tu veterinario diagnosticará la afección mediante pruebas complementarias (radiografía o ecografía): obstrucción digestiva completa o parcial. En el primer caso es necesaria una intervención quirúrgica digestiva, mientras que en el segundo puede bastar con medicación oral (como laxantes, aceite de parafina), con posible estancia en la clínica.

En casa, puedes tomar medidas para evitar la formación de bolas de pelo. Cepíllalo regularmente, sobre todo si es de pelo largo. Cuanto más pelo muerto elimines, menos tragará. Durante los periodos de muda, aumenta la frecuencia y cepíllalo todos los días. Deja un poco de hierba gatera a su alrededor para ayudarle con las regurgitaciones.

Tu veterinario puede recomendarte un alimento más rico en fibra para estimular los movimientos intestinales y ayudar a eliminar las bolas de pelo que se estén formando. También existen pastas laxantes que, al lubricar las paredes intestinales, permitirán que las bolas de pelo sigan el tracto digestivo. En cualquier caso, pídele consejo al veterinario sobre qué hacer en casa con un gato que regurgita bolas de pelo con regularidad.

UN CONSEJO

A veces, los propietarios confunden los esfuerzos de regurgitación de las bolas de pelo con tos. Si tu gato tiene tos repentina en primavera (el periodo de muda de las bolas de pelo) de manera regular, puede tratarse de un esfuerzo improductivo para expulsar las bolas de pelo. En cualquier caso, consulta con el veterinario.

¿CÓMO DEBO CUIDARLE LOS DIENTES A MI GATO?

Parte de la salud de tu gato es una buena higiene bucal, lo que implica revisiones periódicas.

Al igual que en los humanos y los perros, el sarro se va acumulando en los dientes a lo largo de los años, según un proceso específico. Las bacterias de la cavidad bucal se depositan en la superficie del diente para formar placa dental. Debido al alto contenido en calcio de la saliva del gato, la placa se mineraliza para formar el sarro. La propia placa se convierte en un medio ideal para el desarrollo de bacterias, lo que pone en marcha un círculo vicioso. Los microorganismos se alimentan de las partículas de comida de la boca de tu gato y su degradación libera toxinas responsables del mal olor: esta es la explicación de su mal aliento.

Además de las molestias, se produce una inflamación de las encías que se extiende gradualmente a las estructuras más profundas que envuelven el diente. Es lo que se conoce como enfermedad periodontal. Es muy dolorosa para el gato, le impide comer correctamente y puede llegar a provocar que se le caigan las piezas dentales. Además, la migración de bacterias en el organismo puede tener consecuencias mucho más allá de la cavidad bucal.

La única forma de eliminar el sarro en el gato es que lo haga un veterinario con anestesia general. Lo ideal es hacerlo antes de que el sarro cubra completamente los dientes para poder así conservarlos.

Sin embargo, hay varias formas de frenar la acumulación de sarro y combatir el mal aliento. Cepíllale los dientes a tu gato con regularidad, aunque no te resulte fácil. Tendrá que estar dispuesto a que lo manipulen. Utiliza un cepillo de dientes o una cápsula para los dedos con un dentífrico específico para mascotas (sabe a carne y es seguro si se lo tragan). Este proceso de aprendizaje debe comenzar a una edad temprana. También existen soluciones antisépticas que puedes ponerle en el agua, pero a los gatos no les gustan mucho. Por último, una alimentación a base de pienso contribuye a mantener una acción mecánica sobre la superficie de los dientes y limitar así el depósito de placa dental.

El interior de la boca del gato también puede ser el lugar de otras manifestaciones clínicas, a menudo asociadas a una salivación excesiva. Por ejemplo, la gingivitis no solo la causa el sarro, sino que puede estar relacionada con la coriza, la leucemia felina, el virus de inmunodeficiencia felino o incluso la insuficiencia renal crónica o la diabetes. Cuando la inflamación se extiende por toda la superficie bucal, se denomina estomatitis. A veces, las úlceras pueden extenderse incluso a las mucosas. Estas lesiones son muy dolorosas y pueden sangrar, haciendo que el gato no pueda comer. En este caso, consulta cuanto antes con tu veterinario, que probablemente iniciará un tratamiento antibiótico para atacar la enfermedad y aliviar los síntomas.

UN CONSEJO

Desde una edad temprana, acostumbra a tu gato a que le manipulen los labios y las mandíbulas, para que así puedas examinarle la cavidad bucal, sobre todo porque los molares de la parte posterior de la boca, que son menos visibles, suelen ser los más afectados por el sarro. El cepillado debe realizarse al menos una o dos veces por semana. Haz pequeños círculos a lo largo de la línea de las encías, frotando suavemente de atrás hacia delante. Para evitar que te arañe, ponte guantes.

¿PUEDE PADECER ARTROSIS?

Desde hace algún tiempo, has notado que tu gato ya no salta en el sofá con tanta agilidad ni se sube a la ventana desde la que disfrutaba observando a los pájaros. Tal vez padezca artrosis, comúnmente conocida como reumatismo, que afecta al 20% de la población felina. La artrosis es una enfermedad degenerativa del cartílago de las articulaciones. El cartílago es un tejido que recubre las superficies óseas: garantiza la buena movilidad de una articulación, sin fricción, y absorbe los golpes. Sin embargo, a medida que el cartílago se desgasta, se hace más fino y deja de proteger los huesos, que quedan *desnudos*. Las superficies óseas forman osteofitos, que son crecimientos óseos dentro de la articulación. Todos estos cambios desencadenan inflamación y dolor. La artrosis empieza a aparecer cuando el gato se hace mayor, pero no es la única razón. La obesidad puede ser un factor agravante, ya que la fuerza que se ejerce sobre las articulaciones es mayor. Por último, las fracturas o diversos traumatismos osteoarticulares son muy propicios para el desarrollo precoz de esta enfermedad.

Las manifestaciones clínicas pueden resultar bastante chocantes al principio. Debido al dolor, el gato puede volverse agresivo cuando lo acaricias o maullar sin motivo aparente.

Otros signos más característicos te alertarán: el gato es menos ágil, cojea, tiene menos ganas de moverse, de seguirte por las escaleras, de jugar, de saltar, o incluso duerme más. Solo tu veterinario puede hacer un diagnóstico preciso, gracias a un examen ortopédico y radiografías.

El primer objetivo debe ser reducir el dolor del animal y limitar la progresión de la enfermedad. Un tratamiento antiinflamatorio de unos días de duración será muy eficaz para aliviarlo rápidamente, pero no se debe utilizar a largo plazo debido a los efectos secundarios. No le des un antiinflamatorio para humanos o para perros, ya que algunas moléculas son tóxicas para los gatos. Un aporte de ácidos grasos esenciales en su dieta también tiene un efecto antiinflamatorio. Los complementos alimenticios a base de glicosaminoglicanos o condroitina, conocidos como condroprotectores, ayudarán a aliviar las articulaciones lubricándolas y favoreciendo la cicatrización del cartílago, lo que limita el proceso degenerativo.

Si tu gato tiene sobrepeso, una dieta adecuada es esencial para reducir la tensión en las articulaciones. Asimismo, en casa haz algunos ajustes para que esté más cómodo. Ayúdalo a que pueda acceder fácilmente a sus lugares favoritos, llénalos de cojines mullidos, cambia de sitio sus cuencos y su arenero si están en una corriente de aire, mantén encendida la calefacción de la casa en invierno, incluso cuando estés fuera, y, por último, comprueba que su acceso a la arena no sea demasiado complicado.

UN CONSEJO

Como la artrosis es una enfermedad degenerativa crónica, la medicina alternativa puede tener efectos beneficio-
sos para aliviar a tu felino. Algunos veterinarios utilizan
la acupuntura, la homeopatía, la fitoterapia, la hidrotera-
pia o la osteopatía en gatos artrósicos. La terapia láser
también se utiliza para tratar a los animales: sobre los tejidos dañados, el láser tiene un efecto antiinflamatorio y
analgésico, y estimula la microcirculación sanguínea. Es
una técnica indolora y las sesiones duran menos de diez
minutos.

¿CÓMO PUEDO CUIDARLO SI YA ES MUY MAYOR?

Gracias a los progresos de la medicina veterinaria y a unas mejores medicinas, la esperanza de vida de los gatos ha aumentado mucho: no es raro incluso ver a pequeños felinos de veinte años. Tener un gato es, por tanto, una responsabilidad a largo plazo, pues hay que acompañarlo en las diferentes etapas de su vida, y te necesitará más a medida que se haga mayor.

Puedes considerar que tu gato es mayor a partir de los ocho años. A diario, presta especial atención a todos los pequeños indicios que puedan ser preocupantes: disminución del apetito, aumento de la sed, pérdida de peso, vómitos frecuentes, maullidos nocturnos, dificultad para trepar por su estructura, acicalamiento caprichoso, agresividad inusual, tendencia a la suciedad, a esconderse, problemas de vista, etcétera. No dudes en pedir una cita con tu veterinario si estos síntomas persisten.

Incluso si tu gato parece estar en buena forma, será necesaria una revisión cada año, o incluso dos veces al año, para controlar su estado general, llevar a cabo sus vacunaciones, así como un análisis de sangre, comprobar su peso y posiblemente medirle la tensión arterial.

A medida que envejece, puede perder peso, sobre todo masa muscular, lo que no es deseable, ya que las articulaciones sufrirán más estrés y los huesos estarán menos protegidos. Una dieta adecuada le aportará energía y proteínas de alta calidad. Tu gato también puede tener dificultades para comer debido al sarro o a dientes que hayan perdido sujeción; en este caso, aliméntalo con comida húmeda en lugar de con pienso y consulta al veterinario sobre la necesidad de cuidados dentales.

Ciertas enfermedades son más propensas a aparecer en un animal mayor: insuficiencia renal crónica, artrosis, insuficiencia cardiaca, cáncer, diabetes, hipertiroidismo, hipertensión arterial. Sea cual sea, si se diagnostica a tiempo, tu veterinario podrá ofrecerle un tratamiento médico o quirúrgico con posibilidades de recuperación.

Si tu gato está acostumbrado a salir mucho y ya es mayor, quizá sea el momento de limitar sus escapadas, sobre todo en invierno, y de asegurarte de que siempre pueda volver a casa, a cualquier hora del día o de la noche. Y, si sus sentidos, como el oído y la vista, le empiezan a fallar, salir puede suponer un riesgo real; por tanto, intenta mantenerlo dentro de casa todo lo posible.

Cuidar bien de un gato que envejece implica hacer pequeños ajustes en casa. Puede que tu gato ya no sea tan ágil como antes, pero sigue necesitando tener acceso a sus lugares favoritos para dormir; sé ingenioso y facilítaselo. Hacer que estos lugares sean aún más cómodos es esencial porque dormirá cada vez más. Si tu casa es grande, instala uno o dos areneros adicionales para facilitarle que haga sus necesidades. Elígelos con bordes que no sean demasiado altos. Sin embargo, si tu gato tiene problemas de visión, evita modificar sus zonas de comida, cama y descanso, ya que podría desorientarse.

Ayuda a tu mascota a mantener un pelo bonito cepillándola con regularidad, pero con suavidad, sobre todo si sufre artrosis; existen cepillos de silicona que permiten recoger el pelo muerto mediante electricidad estática, sin molestar al animal.

Proporciónale siempre actividades adecuadas a su edad para estimularlo tanto mental como físicamente: esconde golosinas en la casa, cuelga un comedero de pájaros cerca de la ventana en la habitación en la que tu hijo está más tiempo para que el animal disfrute de un espectáculo emocionante y ambos pasen tiempo juntos.

Nunca es plato de buen gusto ver envejecer a la mascota de uno, pero debes saber que cuenta contigo, aunque no te lo haga ver claramente, y que aún podéis pasar muchos años maravillosos juntos.

¿SABÍAS QUE...?

La disfunción cognitiva en gatos mayores es un síndrome similar a la enfermedad de Alzheimer en los humanos; generalmente se da en gatos mayores de 16 años y puede afectar hasta al 40% de ellos. El gato se desorienta, por la noche sufre ansiedad y maúlla de manera quejicosa y agitada, tolera menos las caricias, a veces descuida la higiene... Habla con tu veterinario, porque, aunque no hay tratamiento, podrá ayudarte a mejorar su bienestar.

¿QUÉ DEBO HACER SI ESTÁ HERIDO?

Aunque los gatos prefieren la intimidación y la huida a la confrontación física, es posible que el tuyo se pelee con otro cuando esté fuera de casa, aunque la esterilización de machos y hembras limita esta tendencia.

La riña de gatos es escalofriante, pero no suele ser grave. Sin embargo, tu gato puede volver a casa un poco arañado o magullado. Si ves sangre, que le falta pelo o que cojea, examínalo cuidadosamente por todo el cuerpo.

Los arañazos suelen ser más llamativos que graves y suelen producirse en la cara y las orejas. Desinféctalos con una gasa estéril empapada en el antiséptico que tengas. El principal peligro para tu mascota es un arañazo en el ojo, que puede provocar una úlcera. Una lesión de este tipo causa una dolorosa lesión corneal, superficial o profunda, que le obliga a mantener el ojo cerrado para aliviarse. En este caso se hace necesaria una visita al veterinario, para establecer un diagnóstico certero y, sobre todo, para que reciba un tratamiento que permita la curación de la úlcera.

Hay que prestar atención a las mordeduras. Puede que te resulte difícil detectarlas, ya que a veces solo se trata de un discreto punto en la piel (los caninos de los gatos son finos y muy afilados), más probable en el cuello, los omóplatos, el pecho, los cuartos traseros o la cola. Sin embargo, aunque el orificio sea pequeño, puede ser profundo y haber perforado y desprendido la piel (muy fina en los gatos), o incluso haber afectado al tejido muscular subcutáneo.

El riesgo que conlleva es la inoculación de gérmenes (numerosos en la boca del gato), que a menudo da lugar a la formación de un absceso. En este caso, la lesión cutánea cicatrizará rápidamente, creando un entorno bajo la piel propicio al desarrollo de bacterias anaerobias (que no necesitan aire). Estas producirán toxinas y productos de desecho, pus, que no se podrá evacuar. Así, unos días después de la mordedura, cuando creías que la herida había cicatrizado, puede aparecer un bulto de mayor temperatura que la corporal, como respuesta a un proceso inflamatorio y doloroso para el animal: el absceso. Si no se trata, la infección puede extenderse, tu gato puede tener fiebre y su estado general podría deteriorarse. En ese caso, es urgente llevarlo al veterinario para evitar una septicemia. La cirugía es casi siempre necesaria para abrir el absceso, limpiar la cavidad e incluso colocar un drenaje si es necesario. Un tratamiento antibiótico completará la operación.

Si tu gato llega a casa con una mordedura y hay hemorragia, detén el sangrado sin dejar de presionar la herida durante cinco a diez minutos con una gasa estéril. A continuación, córtale todo el pelo alrededor de la herida con unas tijeras redondas para poder limpiarla. Si parece superficial, desinféctala con un antiséptico (clorhexidina o povidona yodada), pero en ningún caso con alcohol, que daña los tejidos.

Este tratamiento puede bastar para evitar que se forme un absceso. En cambio, si la mordedura parece más profunda, pide cita con tu veterinario, que limpiará y desinfectará la herida con mayor eficacia y a menudo prescribirá un tratamiento antibiótico. También se asegurará de que no haya lesiones más graves, como una perforación torácica o abdominal, que implicarían una intervención de urgencia para salvarle la vida.

UN CONSEJO

Para evitar que tu gato deambule por el vecindario y se pelee, la solución radical es mantenerlo dentro de casa. Si no es posible, haz que sus escapadas le resulten menos atractivas, por ejemplo, pidiéndole a los vecinos que no le den de comer. Haz que tu casa y tu jardín sean más interesantes: facilítale el acceso a lugares elevados, ponle juegos, comederos para pájaros (fuera de su alcance, por supuesto), haz que interactúe contigo...

MI GATO PARECE ESTAR RESFRIADO: ¿Y SI ES CORIZA?

La coriza engloba a un grupo de enfermedades infecciosas que afectan a la zona oronasal y a los ojos del gato al dañarle el sistema respiratorio. A modo de comparación, es un poco como el resfriado común o la gripe en los humanos. Es una enfermedad compleja, ya que varios virus (calicivirus, herpesvirus...) y bacterias (como la clamidia) pueden causarla.

Se trata de una enfermedad muy contagiosa, que suele darse en gatos que viven en grupo. Se infectan al estornudar o al compartir los cuencos de comida. Pero tú también puedes ser un vector para tu gato llevándola en la ropa o en las manos tras haber estado en contacto con un gato enfermo o infectado.

¿Cuáles son los síntomas?
– Hocico: estornudos y goteo nasal.
– Ojos: conjuntivitis con enrojecimiento, secreción más o menos purulenta, ojos más o menos cerrados.
– Boca: inflamación de las encías, a veces úlceras en la lengua y en la mucosa bucal que hacen que salive en exceso y le impiden comer.
– Estado general: fiebre, letargo, falta de apetito.

Estos síntomas, más o menos intensos, en mayor o menor número, determinan el pronóstico. En la mayoría de las ocasiones, los gatos se recuperan sin tratamiento, pero hay que tener cuidado, ya que en algunos casos las complicaciones pueden provocar la muerte de los gatos más frágiles, como los cachorros, los de más edad o los que tienen un sistema inmunitario debilitado.

Si tu felino muestra síntomas que pudieran indicar coriza, no dudes en consultar con el veterinario. El tratamiento se basa en la limpieza de ojos y hocico, pero puede complementarse con colirios, aerosolterapia (equivalente a la terapia inhalatoria para humanos) y posible tratamiento antibiótico si se sospecha de una bacteria que esté provocando una fiebre alta u otra infección asociada.

A veces será necesario ingresarlo en la clínica si su estado general es muy grave. El veterinario también puede sugerir otros tratamientos en función de la gravedad o cronicidad de la enfermedad.

Existe una solución sencilla para evitar que tu gato contraiga coriza: la vacunación. El 80% de los casos de coriza se deben al calicivirus o al herpesvirus, contra los que actúan las vacunas habituales. Así que no lo dudes y protégelo aunque no salga al exterior.

UN CONSEJO

Cuando le limpies a tu gato las fosas nasales con una compresa empapada en suero salino, asegúrate de eliminarle cualquier pequeña costra que pueda haberse formado y esté obstruyéndoselas. Si no tiene olfato, no comerá y lo que tan solo era un pequeño resfriado podría hacer que su estado general se deteriorase rápidamente.

TIENE UNA INFECCIÓN URINARIA: ¿CÓMO TRATARLA?

Los problemas urinarios son uno de los motivos de consulta más frecuentes acerca de la salud de los gatos. Varios signos pueden alertarte: aumento o disminución de la frecuencia con la que micciona, presencia de sangre en el arenero, fuerte olor a orina, incontinencia, aumento del tiempo que permanece en el arenero —a veces sin llegar a orinar nada o apenas nada, pero con maullidos lastimeros—, lamido de la zona urogenital, dolor en el bajo vientre, pérdida de apetito, cansancio, irritabilidad y posibles vómitos...

Las enfermedades del tracto urinario inferior (vejiga y uretra) se agrupan bajo un mismo nombre: síndrome urológico felino.

Una de las principales causas de estas afecciones es la presencia de cristales en la vejiga, que a su vez pueden formar cálculos. Estas aglomeraciones minerales se forman como resultado de varios factores: el pH de la orina, la concentración de sales minerales en la vejiga, que a su vez depende de la dieta y la hidratación del animal.

Los cristales y los cálculos provocan la inflamación de la pared de la vejiga y, cuando llegan a la uretra, causan dolor e irritación, que se agravan si se atascan, sobre todo en los machos castrados. Cuando la obstrucción es total, la orina ya no puede evacuarse y hacerlo se convierte en una urgencia máxima: es el síndrome urológico felino conocido como «síndrome del gato obstruido». Los machos son más propensos, ya que su uretra es más larga y estrecha.

Si no hay cristales ni piedras, tu felino puede estar sufriendo una cistitis idiopática. *Idiopática* significa que no hay una causa identificada, sino una combinación de factores que conducen a esta afección: estrés, aburrimiento, obesidad, sedentarismo, mala alimentación, falta de hidratación... También puede tratarse de una infección bacteriana, desencadenante de la cistitis, como ocurre en los humanos. Por último, la vejiga y la uretra pueden ser el lugar de procesos tumorales que llevan a padecer los mismos síntomas.

En todos los casos, cuando veas estos síntomas en tu gato, llévalo al veterinario. El examen clínico consiste en tomar una muestra de orina (por punción abdominal, no es dolorosa) para observar la presencia de glóbulos rojos o blancos y de azúcar, y conocer la densidad de la orina y el pH. Un examen microscópico de la orina mostrará la presencia o no de cristales y su naturaleza (estruvitas y oxalatos cálcicos). Una radiografía y una ecografía pueden mostrar cálculos en la vejiga o un proceso inflamatorio, o incluso un tumor. Un análisis de sangre completará el protocolo.

Sin embargo, si tu gato padece este tipo de obstrucción, estos exámenes clínicos tendrán lugar en una fase posterior, ya que la urgencia es evacuar la orina para que las funciones renales no se vean afectadas. Bajo anestesia general, el veterinario introducirá una sonda en la uretra que empujará los cristales o cálculos de vuelta a la vejiga. El gato permanecerá hospitalizado de dos a tres días, se le pondrá un gotero para hidratarlo y se le realizarán los cuidados necesarios para eliminar los cristales.

Tanto si tu gato padece de cálculos como una cistitis idiopática, el riesgo de recurrencia es elevado. Tendrás que adaptarle la dieta para modificar el pH urinario y evitar la formación de cristales; la prescripción será diferente si se trata de estruvitas u oxalatos cálcicos. Será necesario asegurarse de que bebe bien y, para garantizar una buena hidratación, se preferirá la comida húmeda (80% de agua) al pienso.

Si reincide con demasiada frecuencia en este tipo de afecciones, tu veterinario puede sugerir una intervención quirúrgica para amputarle el pene y unir la uretra en su parte más ancha directamente a la piel para que no haya riesgo de obstrucción. Se trata de una cirugía que no empeora la calidad de vida de tu mascota.

UN CONSEJO

Unas pocas precauciones en la vida diaria de tu gato pueden reducir el riesgo de síndrome urológico felino. Evita los alimentos de baja calidad, alterna el pienso con comida húmeda para gatos y asegúrate de que siempre tenga agua fresca disponible para que se mantenga suficientemente hidratado. A los gatos les gusta jugar con el agua que beben, así que ¿por qué no invertir en una pequeña fuente para gatos? Evita asimismo el agua mineral porque, como su nombre indica, es rica en minerales. Por último, proporciónale un entorno que sea tan relajante como estimulante, sobre todo si no sale al exterior.

TIENE INSUFICIENCIA RENAL: ¿QUÉ DEBO HACER?

La insuficiencia renal crónica es una enfermedad bastante común en el gato de edad avanzada y es una de las principales causas de muerte. Esta enfermedad afecta a los riñones, impidiéndoles funcionar correctamente y cumplir su función como depuradora del organismo. Los gatos tienen dos riñones, como los humanos, que filtran la sangre y eliminan los productos de desecho, que salen con la orina. También regulan la tensión arterial.

Esta insuficiencia puede estar causada por una malformación de los riñones, un desgaste debido a la edad, una infección vírica o bacteriana, un cáncer o una enfermedad inmunitaria, entre otras causas. Algunas razas son más propensas que otras, como el persa, el siamés, el abisinio, el exótico o el británico de pelo corto. Un gato que padece insuficiencia renal crónica se muestra cansado, con mal aspecto, con un importante desgaste muscular y un pelaje apagado: es una especie de estado de malestar general. Vomita con regularidad, independientemente de lo que coma, pero este estado de náuseas continuas suele provocar una pérdida de apetito. Por otra parte, tiende a beber y orinar más de lo habitual. El gato puede llegar a perder el conocimiento al intoxicarse con sus propios desechos.

Por desgracia, cuando el gato presenta los primeros síntomas, la enfermedad ya se encuentra en una fase avanzada, con un 70% de los riñones dañados. Por ello, los veterinarios aconsejan realizar análisis de sangre periódicos a los gatos de edad avanzada. La enfermedad puede detectarse precozmente —antes de que aparezcan los síntomas—, en función de parámetros como la urea, la creatinina y el fósforo, que son productos de desecho que normalmente se eliminan por la orina.

La insuficiencia renal es una enfermedad progresiva que no puede curarse: una vez destruidos los riñones, es irreversible. En cambio, si se detecta antes de que aparezcan los síntomas, la esperanza de vida es mayor. El primer paso para controlar la enfermedad es ajustar la dieta. El veterinario también puede recetar medicación para combatir los daños colaterales causados por la insuficiencia renal.

Cuando la enfermedad está en una fase avanzada, es necesario ingresar al gato en la clínica veterinaria con regularidad para administrarle una solución intravenosa que limpie su sangre y lo rehidrate. Es algo parecido a la diálisis en humanos. Si tu gato padece insuficiencia renal, vigila de cerca los signos de sufrimiento que pueda mostrar: si se esconde, si ya no se alimenta, si se queja o incluso si ronronea en busca de algún alivio.

UN CONSEJO

Si a tu gato se le diagnostica insuficiencia renal, es posible ralentizar a tiempo la progresión de la enfermedad y proporcionarle una calidad de vida aceptable. Para ello, tendrás que adaptarle la dieta a una más baja en proteínas, pero de alta calidad (las proteínas de la carne blanca tienen mejores cualidades nutritivas que las de la carne roja). Evita el exceso de pescado, muy rico en fósforo. El objetivo es siempre limitar la producción de residuos en la sangre. Un aporte de ácidos grasos esenciales también le proporcionará energía y evitará el desgaste muscular prematuro. Asegúrate también de que tiene siempre agua limpia a su disposición, para que no se deshidrate.

¿ES CIERTO QUE MI GATO PUEDE CONTRAER EL SIDA?

En los gatos existe un virus, el virus de inmunodeficiencia felina, que es similar en muchos aspectos al VIH de los humanos. Es lo que se conoce como sida felino.

Los felinos se pueden infectar durante las peleas (mordeduras o arañazos profundos) o al aparearse. Los cachorros también pueden contraerlo directamente de sus madres durante el embarazo. Pero no te preocupes, pues este virus no es en absoluto transmisible a los humanos.

El sida felino es un virus que progresa lentamente en las células de su huésped, por lo que los primeros síntomas no suelen aparecer hasta varios años después de la infección. Al igual que en los humanos, el virus provoca una disminución del sistema inmunitario y el desarrollo de enfermedades concomitantes. Por ello, los síntomas de la infección por este virus son numerosos: aparición de enfermedades respiratorias o intestinales, inflamación de los ojos o las encías, problemas cutáneos, fiebre, anemia, aumento del tamaño de los ganglios linfáticos, pérdida de peso y apetito, aparición de cánceres...

El diagnóstico se realiza mediante un análisis de sangre que detecta la presencia de los anticuerpos contra el virus. Estos anticuerpos están presentes aunque el gato aún no haya mostrado ningún síntoma.

Si se le diagnostica a tu gato, lamentablemente no existe tratamiento alguno para esta enfermedad.

Mientras sea portador asintomático, tendrás que mantenerlo sano con visitas regulares al veterinario (al menos dos veces al año), una vacunación y desparasitación adecuadas y una buena alimentación.

Cuando aparezcan infecciones secundarias, tu veterinario iniciará tratamientos de diverso tipo, en función de los signos clínicos que presente. También existe un tratamiento antiviral que limita la progresión de la enfermedad, pero es caro y los resultados son poco consistentes. Habla con tu veterinario al respecto.

Ten siempre presente que, aunque su esperanza de vida se acorte, tu gato puede vivir años en perfecto estado de salud. Sin embargo, asegúrate de que tu pequeño felino no sea un peligro potencial para los demás: un gato con el virus de inmunodeficiencia felina no debe salir a la calle. Es más vulnerable, por lo que debe exponerse lo menos posible a otras enfermedades.

UN CONSEJO

Para evitar que tu gato contraiga el virus, deben tomarse algunas precauciones para limitar el riesgo de contagio. Si tu gato sale al exterior, la esterilización es imprescindible para evitar peleas. Y, si alguna vez quieres adoptar a un segundo gato en casa, asegúrate de que no es portador del virus: las pruebas de detección son fiables.

TIENE LEUCEMIA
FELINA: ¿QUÉ ES?

La leucemia felina es una enfermedad vírica provocada por el FeLV, el virus causante. Es asimismo un virus inmunosupresor, que deteriora el sistema inmunitario (y por eso se confunde a menudo con el virus de inmunodeficiencia felina), y un oncovirus, que provoca tumores cancerosos.

El virus se excreta en las lágrimas, la saliva, las secreciones nasales, la orina, las heces, la leche y la sangre. Las posibilidades de contagio son, por tanto, múltiples de un gato a otro: por contacto amistoso (lamidos mutuos, por ejemplo, de la madre a sus gatitos, por compartir cuencos o areneros), pero también por mordeduras o arañazos.

Cuando un gato se infecta con el FeLV, su sistema inmunitario puede neutralizar el virus en el 20% de los casos. No obstante, en la mayoría el animal se convierte en portador del virus con o sin síntomas asociados. Así pues, tu gato puede ser un portador sano del virus y no desarrollar nunca la enfermedad, pero seguir contagiando a otros.

Los síntomas son muy variados: pérdida de apetito y de peso, letargo, fiebre, problemas respiratorios o digestivos, infecciones urinarias, anemia, aparición de abscesos o tumores cancerosos, aumento del tamaño de los ganglios linfáticos, etcétera.

El diagnóstico se realiza mediante un análisis de sangre que detecta la presencia de anticuerpos contra el virus. Estos anticuerpos están presentes aunque el gato solo sea portador de la enfermedad y aún no haya mostrado ningún síntoma.

Si tu gato está infectado por el virus, lamentablemente no existe tratamiento, al menos por el momento. Eso sí, no le supone ningún riesgo para la salud si es portador asintomático. Ahora bien, es importante mantener al animal en buen estado de salud, con visitas regulares al veterinario (al menos dos veces al año) y una vacunación y desparasitación adecuadas. Asegúrate de que esté estimulado y se alimenta con una dieta de buena calidad. Si aparecen infecciones secundarias, el veterinario te sugerirá tratamientos según los síntomas clínicos observados. También existe un tratamiento antivírico. Sin embargo, aunque limita la progresión de la enfermedad, su coste es elevado y los resultados, variables.

Recuerda que, a pesar de una esperanza de vida más corta, tu gato puede vivir durante años en perfecto estado de salud. Por otro lado, asegúrate de que tu pequeño felino no sea un peligro potencial para los demás. Un gato portador de este virus no debe salir a la calle, pues estará menos expuesto a otras enfermedades, a las que el virus lo hace más susceptible.

UN CONSEJO

Si quieres proteger a tu gato contra el FeLV, existe una vacuna, no como en el caso del sida felino. Esta vacuna se recomienda para los gatos que tienen acceso al exterior, aunque sea ocasionalmente, y tienen la posibilidad de encontrarse con otros gatos con el virus.

Es aconsejable realizar una prueba de detección del FeLV antes de la vacunación, ya que no serviría para nada en caso de que tu gato sea portador.

MI GATO TIENE PIF: ¿ES GRAVE?

La peritonitis infecciosa felina (PIF) es una enfermedad vírica compleja y muy grave con una tasa de mortalidad del 100% en los gatos afectados.

Es difícil de diagnosticar porque la causa un virus —en concreto, un tipo de coronavirus— que puede ser benigno y provocar solo problemas digestivos. No obstante, a su vez es susceptible de mutar en algunos individuos en el virus, extremadamente agresivo, que causa la PIF.

El primer tipo de coronavirus, el «clásico», es por tanto un virus que circula principalmente en grupos de gatos, sobre todo en criaderos de dudosa higiene, guarderías felinas y protectoras de animales. El virus se excreta en las heces y los gatos se contaminan unos a otros al compartir sus areneros u olfatear heces contaminadas.

En los gatos jóvenes (menores de tres años) o de más edad que padecen leucemia felina o sida felino, el riesgo de que el coronavirus mute a su forma más peligrosa es elevado. De hecho, los gatos con un sistema inmunitario deficiente o aún no suficientemente eficaz son los más expuestos.

La peritonitis infecciosa felina tiene dos presentaciones clínicas muy diferentes.

La primera forma, la más grave, conocida como «húmeda», se caracteriza por derrames líquidos en las cavidades corporales. El tórax y el abdomen se llenarán de un líquido que alterará profundamente el funcionamiento de los órganos internos.

La segunda forma, conocida como «seca», afecta al hígado, los ojos y los intestinos, provocando diarrea y decoloración amarillenta de las mucosas, y se acompaña de anemia y fiebre.

El diagnóstico no es sencillo. Un análisis de sangre puede mostrar un descenso de los glóbulos blancos y existe un análisis de sangre rápido para detectar si el gato es positivo o no a este tipo de coronavirus, pero no siempre es fiable. Para hacer un diagnóstico pueden utilizarse más análisis de sangre o una punción de los derrames líquidos.

Cuando aparece la enfermedad, las posibilidades de supervivencia son bajas. Puede intentarse un tratamiento sintomático e inmunosupresor para aliviar al gato, pero su esperanza de vida no excederá de unas semanas o unos meses. A menudo se propone la eutanasia para aliviar el sufrimiento del animal enfermo.

UN CONSEJO

El coronavirus responsable de la PIF es un virus muy contagioso, pero no resiste mucho tiempo en el medio ambiente y es sensible a todos los desinfectantes habituales (a la lejía, por ejemplo). En las comunidades felinas, cuando se detecta un caso, es esencial limpiar a fondo los cuencos, las jaulas y las zonas de descanso para deshacerse del virus.

🐾 AGRADECIMIENTOS 🐾

Quisiera agradecer de todo corazón a mi amigo y colega, el doctor Matthieu Tanguy, veterinario de Méry-sur-Oise, por su amable y profesional contribución a este libro.